QU'EST-CE QU'UN ACTE DE PAROLE ?

COMITÉ ÉDITORIAL

CHEMINS PHILOSOPHIQUES

Collection dirigée par Roger POUIVET

Bruno AMBROISE

QU'EST-CE QU'UN ACTE DE PAROLE ?

Paris
LIBRAIRIE PHILOSOPHIQUE J. VRIN
6, place de la Sorbonne, V[e]
2008

A. REINACH, « Les actes sociaux », dans *Die apriorischen Grundlagen des Bürgerlichen Rechtes*
© 1989 by Philosophia Verlag GmbH, München
J.L. AUSTIN, « Performative Utterances », dans *Philosophical Papers*, Oxford, Oxford University Press, 3ᵉ éd. 1979
© Droits réservés, avec l'aimable autorisation de la BBC

© *Librairie Philosophique J. VRIN*, 2008
Imprimé en France
ISSN 1762-7184
ISBN 978-2-7116-2151-4

www.vrin.fr

QU'EST-CE QU'UN ACTE DE PAROLE ?

Que le roi seulement soupire et tout le royaume gémit.
William Shakespeare, *Hamlet*

INTRODUCTION

Comme le prouve l'emploi répandu du concept d'acte de parole dans des disciplines aussi diverses que la philosophie du langage, la linguistique pragmatique, la logique illocutoire, ou les études littéraires et théâtrales, la sociologie et l'anthropologie, ce concept s'est indéniablement avéré fécond depuis sa récente introduction sur la scène philosophique. Cependant, les caractéristiques qui servent à l'identifier varient tellement selon la discipline retenue qu'on peut se demander à bon droit si son exemplaire plasticité n'est pas la contrepartie d'un certain flou conceptuel et si ce concept a jamais reçu une caractérisation stricte. Il est dès lors intéressant, sinon nécessaire, de revenir philosophiquement sur sa définition, de façon à bien comprendre la révolution opérée par son introduction dans la compréhension du langage. Et pour mieux saisir les origines de l'écheveau de réflexions qui se développent à partir de ce concept, il n'est probablement pas inutile de retracer rapidement son histoire, tant sa réception se différencie selon les disciplines et donne lieu à des usages très hétérogènes.

L'idée que le langage sert à faire des choses n'est pas totalement inédite, puisque Aristote, déjà, dans la *Rhétorique*, s'était intéressé aux effets que le langage pouvait susciter[1]. Mais tout l'enjeu du concept d'acte de parole – c'est la raison de son introduction dans le vocabulaire philosophique – est précisément d'identifier des effets qui ne sont pas (ou pas seulement) des effets rhétoriques, c'est-à-dire qui ne relèvent pas de la psychologie particulière des individus participant à l'échange discursif[2]. Le concept « d'acte de parole », qui vise à identifier des *effets* d'un type particulier, est ainsi un concept récent, introduit en philosophie par J.L. Austin dans les années 1950[3], même si Austin ne l'utilise pas beaucoup dans sa théorie du caractère « performatif » du langage. La première véritable élaboration du terme a été proposée par J. Searle, dans son livre consacré à une « théorie des actes de parole », *Les actes de langage*[4]. Il convient toutefois de noter que l'idée

1. Voir Aristote, *Rhétorique*, trad. fr. M. Dufour, Paris, Gallimard, 1998.

2. Pour une histoire précise et développée de toutes les conceptions de la parole comme action avant Austin, voir B. Nerlich et D. Clarke, *Language, Action and Context*, Amsterdam, John Benjamins, 1996.

3. J.L. Austin, *How to Do Things with Words*, Oxford, Oxford UP, 1962; trad. fr. G. Lane, *Quand dire, c'est faire*, Paris, Seuil, 1970 (désormais cité *HTD*, suivi de la pagination anglaise puis française).

4. J.R. Searle, *Speech Acts, An Essay in the Philosophy of Language*, Cambridge, Cambridge UP, 1969; trad. fr. H. Pauchard, *Les actes de langage*, Paris, Hermann, 1972. La traduction est « malheureuse » car aussi bien Austin que Searle utilisent la locution anglaise « *speech act* »; or le « *speech* » est précisément cette instance qui se distingue du « *language* » en tant qu'il en est l'usage : pour reprendre la distinction saussurienne entre le « langage », qui est la faculté générale de pouvoir s'exprimer au moyen de signes, et la « parole », qui est l'usage qui est fait du langage, en des occasions particulières, par des locuteurs

principale qui sous-tend la notion, à savoir l'idée que le langage fait des choses ou accomplit une action propre, avait déjà été introduite dans la réflexion philosophique, notamment par A. Reinach qui, dès 1913, en s'inscrivant dans la tradition phénoménologique, avait montré que la parole juridique *modifiait* l'état juridique du monde, en portant à la réalité objective des réalités déontiques (lois, droits, etc.)[1].

Par ailleurs, un contemporain d'Austin, P.F. Strawson, anticipait cette évolution « pragmatique » de la réflexion sur le langage, dans l'article « On Referring »[2], où il critiquait la théorie des descriptions définies soutenue par Russell dans « On Denoting »[3]. Il lui reprochait de ne pas comprendre que, si tout usage référentiel ou dénotatif correct présuppose effectivement que soit satisfaite une condition existentielle[4], cette condition n'est pas sémantique (ou vériconditionnelle), mais pragmatique (relative à l'usage). Il notait que la condition existentielle de Russell ne fait pas partie de ce que dit la phrase, mais qu'elle forme plutôt un *présupposé* de son usage réfé-

---

singuliers, alors le « *speech act* » se situe clairement du côté de la parole en ce qu'il relève, on le verra, d'un usage de la langue. Dès lors, « acte de parole » est une traduction plus acceptable, tout comme l'aurait été « acte de discours », utilisé par Austin lui-même dans «Performatif/constatif» (1958), le discours étant le lieu où le langage est utilisé au sein d'une interaction où interviendra l'action.

1. A. Reinach, « Die apriorischen Grundlagen des bürgerlichen Rechtes », *Jahrbuch für Philosophie und phänomenologische Forschung*, t. 1, 1913; trad. fr. R. de Calan, *Les fondements* a priori *du droit civil*, Paris, Vrin, 2004.

2. P.F. Strawson, « On Referring », *Mind*, vol. 59, 1950, repris dans *Logico-Linguistic Papers*, London, Methuen et Co Ltd, 1971, p. 1-27.

3. B. Russell, « On Denoting », *Mind*, vol. 14, 1905, p. 479-493; trad. fr. J.-M. Roy, « De la dénotation », dans B. Russell, *Écrits de logique philosophique*, Paris, PUF, 1989, p. 201-218.

4. Proposition existentielle selon laquelle, pour qu'une proposition ait un sens, le sujet de la prédication doit nécessairement exister.

rentiel, c'est-à-dire une *condition pragmatique de son usage correct*. Était ainsi défendue sur le plan philosophique l'idée que, pour comprendre le fonctionnement du langage, il fallait s'attacher à son *usage* et aux choses qu'il permettait de *faire*.

À cela s'alliaient des découvertes à la fois ethnologiques et linguistiques : Malinowski soutenait alors que « les mots font partie de l'action et sont équivalents à des actions »[1], rejoint en cela par les analyses linguistiques d'A. Gardiner[2]. Le milieu du XXe siècle voyait ainsi éclore une constellation de réflexions menant à l'idée que le langage sert à faire des choses, produit des effets, et, en définitive, *agit*.

Or il peut sembler paradoxal de vouloir considérer que le langage, en plus de dire des choses, c'est-à-dire de parler du monde, *fait* des choses, c'est-à-dire agit sur l'état du monde. L'analyse philosophique a en effet toujours tendance sur ce point à s'accorder avec le sens commun et l'idée que le langage, en servant à dire le monde, ne fait que le rapporter sur le mode le plus neutre possible, sans y intervenir – suivant l'adage selon lequel la parole ne sert à rien tant qu'elle n'est pas accompagnée ou remplacée par l'action[3]. Dans cette perspective, l'erreur propre du langage est celle qui apparaît sous la forme insigne du mensonge : c'est celle qui consiste à être faux, ou insincère, en ne disant pas ce qui est, ou en disant ce

---

1. B. Malinowski, *Coral Gardens and their Magic*, II. *The Language of Magic and Gardening*, London, Allen and Unwin, 1935.

2. A. Gardiner, *Theory of Speech and Language*, London, Oxford UP, 1932 ; trad. fr. C. Douay, *Langage et acte de langage*, Lille, Presses Universitaires de Lille, 1989.

3. On peut penser à l'« *harm principle* » de J.S. Mill, selon lequel la liberté d'expression doit être illimitée tant qu'elle n'incite pas à l'action, le langage lui-même étant considéré comme inoffensif. Voir J.S. Mill, *On Liberty* (1859), chap. II, Oxford, Oxford UP, 1991.

qui n'est pas, mais certainement pas à mal agir. Et l'action est précisément considérée comme ce qui vient corriger ou remplacer la parole. Tels sont les ressorts de la conception qu'on dira « représentationnaliste » ou « sémantique » du langage : selon elle, la caractéristique propre d'un élément linguistique est d'être signifiant et, ce faisant, de dire correctement le monde (ou d'exprimer la pensée d'un sujet à propos du monde), sans le modifier.

Cette idée est particulièrement prégnante au sein de la perspective philosophique de tradition anglo-saxonne d'où est issu Austin. Si l'on revient à la manière dont elle s'est formée à partir de Locke, on sait que le chapitre III de l'*Essai concernant l'entendement humain*[1] définissait le langage comme l'outil expressif des « idées », c'est-à-dire des représentations mentales du locuteur. Le langage n'a alors d'autre « fonction » que de dévoiler ce que pense la personne qui l'utilise en exprimant un certain « sens ». Le propre du langage est d'être signifiant et, ce faisant, d'exprimer un certain contenu que le locuteur souhaite transmettre en l'utilisant. Le langage ne fonctionne ainsi parfaitement qu'à être le véhicule le plus clair possible de la pensée des locuteurs, qui l'utilisent précisément pour transmettre cette pensée à d'autres personnes qui n'ont pas d'accès « direct » à celle-ci[2].

La tradition analytique, qui se constitue avec Frege, puis Russell, reprend ce modèle du langage comme véhicule d'un contenu et en propose une analyse logique : seuls sont signi-

---

1. J. Locke, *An Essay Concerning Human Understanding* (1689), Oxford, Oxford UP, 1979; trad. fr. J.-M. Vienne, *Essai philosophique concernant l'entendement humain*, Paris, Vrin, 2006, Livre III et IV.

2. Sur la conception empiriste du langage comme dévoilement de la pensée, voir G. Brykman, *Berkeley et le voile des mots*, Paris, Vrin, 2002.

fiants les énoncés exprimant une « proposition », unité de sens analysable en termes de conditions de vérité. L'idée (toujours vivace) était que le caractère transparent des propositions, logiquement analysables et nécessairement bien formées sur le plan d'une syntaxe logique, évite toute forme d'ambiguïté et permet de saisir parfaitement le contenu véhiculé par une expression linguistique. De telle sorte que, comprendre un énoncé d'un langage, c'est saisir le contenu propositionnel véhiculé par lui, analysable en termes de conditions de vérité. Étaient naturellement exclus d'une telle caractérisation, les énoncés esthétiques et moraux, qui ne peuvent s'analyser en termes de conditions de vérité (ils n'ont pas de « valeur cognitive ») et se trouvent relégués au statut d'énoncés « expressifs ». Pour autant, ces derniers n'affectent en rien l'état du monde : ils se font simplement l'écho de l'état subjectif du sujet qui les énonce et, à ce titre, forment des énoncés qui expriment ou évoquent quelque chose[1]. Dans ce cadre, la fonction primordiale du langage est censée être une fonction purement descriptive et, pour reprendre l'expression de F. Récanati[2], il n'a de sens véritable qu'à s'effacer dans une sorte de « transparence » devant ce qu'il dit – ce qu'il *décrit*.

Dès lors, on voit difficilement comment on peut en venir à penser une action du langage : l'action est en effet précisément ce qui vise à modifier le monde, alors que le langage semble avoir comme fonction propre de s'effacer devant lui, en ne le modifiant pas. Le langage est ce qui par définition dit quelque chose et, ce faisant, véhicule un contenu représentant l'état du

1. Voir par exemple A.J. Ayer, *Language, Truth and Logic*, Mineola (NY), Dover, 1952 ; trad. fr. J. Ohana, *Langage, Vérité et Logique*, Paris, Flammarion, 1956.

2. Voir F. Récanati, *La transparence et l'énonciation*, Paris, Seuil, 1979.

monde ; tandis que l'action est ce qui vise à modifier l'état du monde. Comment penser une action de la parole, un acte de parole qui aurait une efficacité et qui pourtant ressortirait au langage en disant quelque chose ? En quel sens peut-on même penser un acte fait par le langage si celui-ci est censé s'effacer devant ce qu'il représente en disant ? Et si l'on doit admettre que le langage réalise des choses, cela ne doit-il pas nous conduire à proposer une nouvelle définition du langage même ? C'est tout l'objet du présent livre que de tenter de répondre brièvement à ces questions ou, du moins, de montrer leur pertinence.

QUAND DIRE C'EST FAIRE OU QUAND IL EST IMPOSSIBLE DE RÉDUIRE LE DISCOURS À CE QU'IL DIT

La thèse « représentationnaliste »

Prenons l'énoncé « Le chat est dans la maison ». Une lecture ordinaire de cet énoncé veut qu'il dise que le chat est dans la maison et qu'ainsi il informe sur l'endroit où trouver le chat. Il dit où se trouve le chat et *décrit* ainsi un certain état du réel. Une analyse plus raffinée veut que l'énoncé exprime l'idée que le chat est dans la maison et qu'on puisse dire quelle est sa signification en fonction de l'état du monde auquel correspond cette idée, c'est-à-dire de ce qu'on appelle ses « conditions de vérité » : typiquement, « le chat est dans la maison » est vrai si et seulement si le chat est dans la maison. On met ainsi en rapport le langage et le monde en spécifiant l'état du monde dans lequel un énoncé du langage est vrai, de manière à définir la signification de l'énoncé considéré. L'analyse philosophique rejoint la lecture ordinaire en considérant que l'énoncé n'a de sens qu'à être rapporté à un état du monde auquel il « correspond » (parce qu'il y est *vrai*, ou parce qu'il le *représente* correctement). Ce faisant, on considère qu'il suffit de connaître la sémantique du langage (analysée en termes de représentations ou de conditions de vérité) pour savoir comment l'utiliser correctement, et que son éventuelle incorrection sera du seul ordre représentatif : un énoncé ne peut être (s'il est signifiant) que vrai ou faux.

Ainsi, en règle générale, l'analyse du langage pose qu'il convient d'étudier les relations entre trois éléments : les sons ou/et les mots, les états d'esprit du locuteur et les états du monde. Déjà Aristote écrivait que « Les sons émis par la voix sont les symboles des états de l'âme, et les mots écrits les symboles des mots émis par la voix. Et de même que l'écriture n'est pas la même chez tous les hommes, les mots parlés ne sont pas non plus les mêmes, bien que les états de l'âme dont ces expressions sont les signes immédiats soient identiques chez tous, comme sont identiques aussi les choses dont ces états sont les images » [1]. Le langage est censé être le porteur d'une pensée, qui est elle-même l'image de l'état du monde. On pense ainsi une sorte de correspondance entre le monde et des représentations de deux statuts différents (mental et linguistique), dont le caractère représentatif (et universel) garantit précisément le caractère signifiant. Si l'on prend l'état du monde où le ciel est bleu, la pensée que le ciel est bleu a le contenu qu'elle a (elle porte sur l'état du monde) parce qu'elle correspond, d'une manière « formelle » ou idéale, à l'état réel du monde ; et l'énoncé « le ciel est bleu » (ou son équivalent grec) a la signification qu'il a (c'est-à-dire : dit que le ciel est bleu) parce qu'il est en correspondance avec la pensée et, par

---

1. Aristote, *De l'interprétation*, 1, 16a 3-10, trad. fr. J. Tricot, Paris, Vrin, 2004.

son moyen, avec le monde. Le langage parle donc du monde parce qu'il le représente.

Depuis les développements de Frege[1], opposés au psychologisme, c'est-à-dire à l'idée que le langage est une expression de la pensée subjective des locuteurs, on retient l'idée que le langage se définit par rapport au monde auquel il renvoie (on dit qu'il y *réfère*). On définit également le langage par la signification objective qu'il porte – ce qu'on appelle la « proposition » exprimée par une phrase – et cette signification est elle-même définie en termes de conditions de vérité, qui viennent fixer les états du monde dans lesquels les mots employés gagnent une *référence*. Prenons ainsi la phrase « le chat est sur le tapis ». Ce que celle-ci veut dire peut également s'exprimer par la phrase « The cat is on the mat ». On considère alors que ces deux phrases expriment une même « proposition » : la proposition *que* le chat est sur le tapis, qui équivaut à la signification partagée, objective, des deux phrases différentes. On peut ensuite considérer que cette proposition s'analyse en termes de conditions de vérité qui permettent de déterminer quand elle est vraie : elle est vraie si et seulement si le chat est sur le tapis. On définit donc encore la signification d'une phrase en termes de représentation(s) de l'état du monde qui la rend vraie. Mais dire qu'une phrase signifie parce qu'elle représente un état du monde, c'est proposer une conception étroitement correspondantiste ou représentationnaliste de la signification. En témoigne ce passage écrit par le « premier » Wittgenstein, expliquant la capacité sémantique du langage :

1. Voir G. Frege, « Sens et dénotation », dans *Écrits logiques et philosophiques*, édition et trad. fr. C. Imbert, Paris, Seuil, 1971.

2.12 L'image est un modèle de la réalité.

2.13 Aux objets correspondent, dans l'image, les éléments de celle-ci […].

2.15 Que les éléments de l'image soient entre eux dans un rapport déterminé présente ceci : que les choses sont entre elles dans ce rapport.

Cette interdépendance des éléments de l'image, nommons-là sa structure, et la possibilité de cette interdépendance sa forme de représentation […].

2.1514 La relation représentative consiste dans les correspondances des éléments de l'image et des choses [1].

Dans ce modèle, c'est parce que le langage est une image (formelle) de la réalité (d'un état possible du réel) qu'il peut en parler – et il en parle correctement lorsqu'il lui correspond. Si l'on prend l'énoncé « Le chat est sur le tapis », c'est parce que cet énoncé *représente* par sa forme logique le fait qu'un chat est sur un tapis qu'il parle d'un chat sur un tapis (relation d'isomorphie) – et cet énoncé est vrai lorsqu'on trouve dans le monde un fait correspondant, c'est-à-dire lorsqu'un chat est sur le tapis. De telle sorte que la capacité sémantique du langage est rapportée à son caractère représentationnel et sa correction ramenée à une adéquation *correspondantiste* entre les mots et les états de choses composant le monde. Ce faisant, on comprend bien que le langage a pour seul rôle de dire le monde sous le mode du rapport de fait neutre – et qu'il a pour vocation de s'effacer devant ce qu'il représente.

Dans un tel cadre de pensée, la seule infirmité dont puisse souffrir le langage concerne sa capacité représentative : soit le

---

1. L. Wittgenstein, *Tractatus Logico-Philosophicus*, London, Routledge and Kegan, 1922; trad. fr. G.G. Granger, *Tractatus logico-philosophicus*, Paris, Gallimard, 1993, p. 38-39.

langage représente mal le monde, et il le dit mal – il ne dit pas ce qui est, ou dit ce qui n'est pas (il est vrai ou faux); soit le langage ne représente pas du tout le monde et ne peut rien dire – puisqu'il n'est alors pas évaluable en termes de vérité ou de fausseté (on ne peut pas définir ses conditions de vérité). Tel va par exemple être le cas, dans le positivisme logique, des propositions éthiques ou esthétiques, qui ne peuvent pas décrire un état du monde.

Rapportant ainsi tout échec du langage à un problème dans la correspondance entre les énoncés et le monde, une telle conception propose une vision totalement représentationnaliste du langage, qui ne lui permet pas de faire quoi que ce soit : il n'est susceptible que de vérité ou d'erreur, et son éventuel dysfonctionnement n'altère en rien l'état du monde.

Les ratés : normativité, effectivité et responsabilité

Austin inaugurera la «révolution pragmatique» en contestant précisément cette réduction du langage à sa fonction représentative (ce qu'il appelle «l'illusion descriptive») en montrant que le langage n'est pas seulement susceptible d'erreur ou de fausseté, mais également d'*échecs*, de *ratés*. Car un raté (qui n'est pas une simple erreur) ne peut affecter qu'une action, en tant que celle-ci est une réalisation accomplie en vue d'une fin (en tant qu'elle a une dimension téléologique). Agir, pour en donner une qualification provisoire, c'est toujours accomplir quelque chose en fonction d'une certaine *normativité* déterminant le terme de l'action : ce qui doit être accompli. Si ce terme n'est pas atteint, l'action rate. Dès lors, si Austin montre que le langage est susceptible d'échec, il en fait par là même une action au sens propre du terme – et conteste cette transparence dont veulent le doter tous les théoriciens représentationnalistes.

À cette fin, Austin va utiliser plusieurs exemples d'énoncés qui, formellement, ressemblent à des assertions disant l'état du monde, mais qui, en fait, ne le font pas. Prenons les énoncés suivants :

> (E.*a*) « Oui, je le veux (c'est-à-dire je prends cette femme pour épouse légitime) » – ce « oui » étant prononcé au cours de la cérémonie de mariage.
> (E.*b*) « Je baptise ce bateau le *Queen Elizabeth* » – comme on dit lorsqu'on brise une bouteille contre la coque.
> (E.*c*) « Je donne et lègue ma montre à mon frère » – comme on peut lire dans un testament.
> (E.*d*) « Je vous parie six pence qu'il pleuvra demain » [1].

Tous ces énoncés ont la forme grammaticale d'assertions et, si l'on suit une analyse logique, ils devraient avoir pour vocation de décrire ou de représenter le monde. Pourtant, l'échec qui, le cas échéant, peut les affecter n'est pas un échec représentationnel : si je ne parviens pas à baptiser ce bateau le *Queen Elizabeth*, ce n'est pas parce que j'utilise les mauvais mots pour parler du bateau (ce bateau n'a précisément pas encore de nom), mais parce que, par exemple, je ne suis pas la personne appropriée pour le faire. En ce cas, le problème n'est pas que je ne parviens pas à décrire l'état du monde (ce que je dis n'est pas *faux*) – c'est bien plutôt que je ne parviens pas à modifier l'état du monde [2] : je ne parviens pas à faire en sorte que ce bateau s'appelle (désormais) le *Queen Elizabeth*.

---

1. *HTD*, p. 5-6/40-41, traduction modifiée.
2. De quel « état » il s'agit, cela reste encore à spécifier. Voir p. 63-73.

Prenons le cas de la promesse. Supposons que j'utilise l'énoncé «Je promets de faire la vaisselle». L'analyse représentationnaliste veut que cet énoncé décrive un état du monde et dise finalement (exprime la proposition) *que* je promets de faire la vaisselle. Mais supposons que la vaisselle soit déjà faite! Alors je ne peux pas promettre de faire la vaisselle (du moins, par rapport à l'état *présent* du monde). Par conséquent, mon énoncé échoue – non pas parce qu'il n'est pas formé des bons mots, ni même parce qu'il ne décrirait pas correctement l'état du monde et qu'il serait faux. On peut même admettre (temporairement) que l'énoncé décrive correctement un état du monde – mais ce n'est pas cela qui garantit ou empêche sa réussite. C'est donc bien que l'énoncé fonctionne autrement que sur le modèle représentatif; il a des conditions de *réussite* autres que les conditions de vérité qui déterminent sa réussite représentationnelle. (Pour le moment, nous n'observons que le versant négatif de l'action : le fait qu'un énoncé rate dans son accomplissement lorsqu'il n'est pas mené à *son terme*.)

Austin n'arrête pas son analyse à ce niveau et généralise cette propriété pragmatique de réussite des énoncés. Car si les énoncés de *promesse* ou de baptême ont pour action respective de *promettre* et de *baptiser*, les énoncés *assertifs* vont avoir pour fonction *d'affirmer*. L'exemple de la promesse montre en effet que ce n'est pas le caractère représentationnel d'un énoncé qui détermine sa réussite spécifique (ce n'est pas parce que je *dis* que je promets, que je *promets*). On observe ici la sous-détermination sémantique de la pragmatique, puisque les conditions pragmatiques de réalisation excèdent les conditions sémantiques ou représentationnelles de signification. Or il en va de même avec les assertions : ce n'est pas parce que l'énoncé parle d'un chat sur un tapis, qu'il *affirme* qu'un chat est sur un tapis[1]. Telle n'est pas nécessairement sa fonction propre, et l'on pourrait très bien imaginer qu'il s'agisse d'un *vœu* (si, par exemple, je répète cette phrase à voix haute comme une sorte de conjuration, souhaitant découvrir le chat sur le tapis, et non pas encore en train de faire ses griffes sur le pull en cachemire de ma compagne). Ce n'est donc que si les conditions pragmatiques de réalisation d'un énoncé lui donnent pour objectif d'affirmer quelque chose – de parler du monde sur le mode neutre relevé par la conception représentationnaliste – que cet énoncé affirmera quelque chose, et qu'il pourra éventuellement être évalué en termes de fausseté ou de vérité. Dire quelque chose à propos du monde sur le mode de l'assertion relève donc d'une activité qui a ses propres conditions. On dira alors que l'énoncé a une dimension *performative* (de l'anglais « *to perform* »).

Par ailleurs, si les énoncés précédents pouvaient s'analyser en terme de conditions de vérité, comme si leur visée était de représenter un état du monde, alors, en cas de réussite, ils devraient laisser le monde en l'état. Or ce qui caractérise précisément la réussite de ces énoncés est qu'ils ont des *effets* sur le réel. Parler d'échec des énoncés n'a d'ailleurs de sens qu'à condition qu'on puisse identifier ces ratés en fonction des effets non-obtenus. Un échec n'en est un que lorsque n'a pas été obtenu l'effet nécessaire pour que tel ou tel événement soit qualifié comme (une certaine) action (ce qui ne l'empêche pas d'être qualifié autrement).

Reprenons le cas évident du baptême : celui-ci rate quand le bateau n'est pas baptisé et il réussit lorsque le bateau est

---

1. Frege avait déjà introduit un signe distinctif d'assertion dans sa notation logique pour caractériser pragmatiquement l'affirmation. Voir D. Vernant, *Du discours à l'action*, Paris, PUF, 1997, chap. IV.

bel et bien baptisé, *c'est-à-dire lorsqu'il change de statut et prend une nouvelle appellation*, en l'occurrence «Le *Queen Elizabeth*». Un effet (mesurable) est alors obtenu dans le cas de la bonne réalisation de l'énoncé, qui ne se réduit pas à l'énonciation de mots ayant certaines significations et décrivant l'état du monde. De la même façon dans le cas de la promesse, lorsqu'un énoncé de promesse réussit, il «inscrit» dans le monde un nouvel état, celui de la promesse accomplie, qui n'existe pas si l'énoncé est raté (si je n'ai pas réussi à promettre). On verra que cette analyse peut également être généralisée et s'appliquer au cas des énoncés à prétention descriptive. Ce qu'il faut retenir, en tout état de cause, c'est l'idée que les énoncés ne *réussissent* qu'à produire des effets *objectifs* – dont l'objectivité est, comme l'a montré Reinach, particulièrement évidente dans le cas des énoncés juridiques, qui ont avec eux toute la force de la loi et *s'imposent* à l'ensemble des locuteurs. C'est à ce titre également qu'on peut considérer qu'ils sont agissant.

Enfin, le dernier trait des énoncés réussis qui permet de les qualifier comme actes est la *responsabilité* attribuée à celui qui a accompli (correctement ou incorrectement) l'énoncé. Si l'énonciation d'une promesse n'est pas susceptible de fausseté, mais d'un autre type de validation, c'est que sa réussite engage la responsabilité du locuteur d'une manière autre que si elle se situait à un niveau représentationnel : il ne s'agit en effet plus de dire strictement ce qui est. On peut même, si l'on veut, proposer une analyse véri-conditionnelle de la promesse et supposer que la promesse faite au moyen de «Je te promets de faire la vaisselle» est vraie lorsque j'ai l'intention de faire la vaisselle. Il convient alors de remarquer que cette supposition d'une vérité de la promesse importe peu. Ce qui importe, c'est que celui qui a fait la promesse s'est *engagé* (à la tenir) et que lui échoit alors une nouvelle responsabilité (qu'il la tienne ou pas). Cette responsabilité ne se jugera pas à l'aune de la vérité de la promesse, puisque sa fausseté n'altérerait pas cette responsabilité. La responsabilité se mesurera plutôt à l'aune de l'engagement pris par l'effectuation de la promesse, car on est alors responsable de l'acte ainsi commis – on est responsable à l'égard de la promesse ainsi créée. De la même façon, le locuteur qui baptise prend une responsabilité par cette énonciation, à l'égard du baptême accompli. Et un retournement s'opère à nouveau ici, puisqu'on est forcé de considérer que les énoncés visant à décrire le monde (les assertions) engagent également la responsabilité du locuteur, cette fois à l'égard de la vérité de ce qui est. Il convient ici de prendre au sérieux l'idée qu'« on est responsable de ses actes », pour comprendre que l'attribution de responsabilité au locuteur ayant produit un certain nombre d'énoncés dérive du fait qu'il a, ce faisant, accompli un certain nombre d'actions (une promesse, un baptême, une assertion, etc.).

On se voit ainsi conduit à admettre que la parole produit des actes, en ce sens que les énoncés produits réunissent les trois caractéristiques suivantes : 1) ils sont susceptibles d'échecs ou de ratés ; 2) ils produisent des effets ; 3) ils engagent la responsabilité de celui qui les accomplit.

On assiste alors à un renversement complet de la conception représentationnaliste du langage en montrant que celle-ci a des conditions *pragmatiques* de réussite qu'elle refoule et qui sont des conditions de tout langage, en ce qu'il est composé d'énoncés (et non pas seulement de phrases ou de propositions).

Trois façons de faire des choses avec des mots et la spécificité de l'illocutoire

Si on admet que le langage permet d'accomplir des actes en ce sens qu'il peut subir des échecs – et qu'il peut donc être qualifié d'acte au moins négativement –, on peut ensuite chercher à savoir de quelle façon cela se traduit positivement. Trois façons de faire des choses avec les mots sont alors identifiables et ont été retenues dans la littérature sur les actes de parole. Ce faisant, il ne s'agit pas d'identifier trois actes successifs et aisément distinguables les uns des autres : les trois manières d'agir au moyen du langage sont identifiées en fonction de trois *perspectives* différentes prises à l'égard d'un même énoncé qui réussit sur trois plans différents [1]. Prenons ainsi les énoncés suivants, *A* : « Charles aime le bon vin » ; *B* : « Il est interdit de vendre de l'alcool aux mineurs ».

On peut noter qu'en énonçant *A*, 1) je *dis* que Charles aime le bon vin ; 2) *j'affirme* que Charles est un amateur de bon vin ; 3) je *rassure* l'hôte de Charles qui a acheté quelques bonnes bouteilles. Dans le deuxième cas, en énonçant *B*, 1) il est *dit* qu'il est interdit de vendre de l'alcool aux mineurs ; 2) *l'interdiction* de vendre de l'alcool aux mineurs est *établie* ; 3) tous les jeunes concernés *sont consternés*.

Dans tous les cas, c'est le même énoncé qui fait quelque chose, mais il est considéré du point de vue 1) de sa réussite à dire quelque chose, 2) de sa réussite pratique, et 3) des effets qui succèdent à sa réussite pratique (qu'ils soient intentionnels ou non). Ces perspectives prises sur un énoncé ne sont proba-

---

1. Sur l'idée que la qualification comme acte repose sur une perspective prise à l'égard de l'événement considéré, voir G.E.M. Anscombe, « Under a Description », dans *Collected Papers*, vol. II, Oxford, Blackwell, 1981, p. 208-219.

blement pas exclusives, mais on peut considérer qu'elles donnent un compte-rendu à peu près exhaustif de la *pratique* linguistique, c'est-à-dire de l'usage du langage en tant qu'il vise une fin.

1) On peut déjà considérer que le fait de réussir à *dire* quelque chose est un acte. Je peux en effet *échouer* à dire quelque chose (si par exemple je n'utilise pas les bons mots) et si je réussis, j'en suis responsable. En ce sens, le fait de dire quelque chose est un acte, puisque cela correspond bien à une activité linguistique inscrivant quelque chose de nouveau dans l'état du monde : quelque chose qui est dit. C'est, dans la typologie d'Austin, l'acte *locutoire* qui correspond au fait de dire quelque chose, accompli lorsqu'un énoncé réussit à *dire* quelque chose – c'est-à-dire à avoir un sens et une référence. Austin reprend ici les caractéristiques frégéennes de la signification, en en faisant des composantes actionnelles de l'aspect discursif du langage. De la même façon, on peut considérer, avec Searle, que le fait de signifier et de référer sont eux-mêmes des actes faits au moyen de la parole. Comme le dit Searle, «lorsqu'un locuteur énonce l'une quelconque des […] phrases données en exemple, il accomplit effectivement au moins trois types d'actes distincts : a) énoncer des mots (morphèmes, phrases); b) référer et prédiquer; c) affirmer, poser une question, donner un ordre, promettre, etc. »[1].

Deux niveaux (a et b) sont ici distingués là où Austin n'en distingue qu'un. Cela tient à des conceptions différentes de la signification : la conception austinienne de la signification est pragmatique et contextuelle alors que, pour Searle, signifier consiste à accomplir des actes propositionnels au sein d'une

---

1. J.R. Searle, *Les actes de langage*, *op. cit.*, p. 61.

énonciation. Pour Austin, un énoncé ne gagne un sens déterminé qu'à être inscrit dans une activité donnée, orientée par certains objectifs. Abstraitement, un énoncé n'a qu'une signification générale, relativement indéterminée et c'est son *utilisation* contextuelle, selon certaines conventions, qui le dote d'un sens précis en lui donnant une référence précise, une « référence historique »[1]. Autrement dit, un énoncé donné ne parle du monde qu'à être utilisé d'une certaine façon pour en parler selon certains objectifs[2]. Pour résumer, on peut dire que l'acte locutoire est celui qui donne un « contenu » à un énoncé en en faisant un usage situé. L'acte locutoire est donc un acte en ce sens qu'il relève d'un certain usage d'une phrase pour dire quelque chose de précis.

Pour Searle, le niveau de ce qui est dit forme un acte en ce sens que l'énonciation d'une phrase signifiante repose sur la production d'actes propositionnels, par lesquels certains contenus sont exprimés. Là où Austin fait intervenir une détermination contextuelle et historique du contenu, liée à l'usage d'une phrase en une certaine occasion, Searle considère qu'une proposition spécifique et intemporelle est exprimée. Mais tous deux sont d'accord pour considérer que se joue ici une dimension active de la parole – celle qui consiste à *utiliser* les mots d'un langage donné *pour* dire ou signifier une chose précise, selon une normativité qui a pour critère de réussite le caractère signifiant de l'énoncé utilisé.

---

1. J.L. Austin, « The Meaning of A Word », dans *Philosophical Papers*, Oxford, Oxford UP, 1962, p. 55-75.

2. Voir également P.F. Strawson, « Meaning and Context », dans *Entity and Identity*, Oxford, Oxford UP, 1997, p. 216-231, et C. Travis, « Pragmatics », dans *A Companion To The Philosophy Of Language*, Hale et Wright (eds.), Oxford, Blackwell, 1997, p. 87-107.

2) Par ailleurs, en disant quelque chose au moyen du langage, je ne me borne pas à dire quelque chose. On doit considérer que, ce faisant, je « crée » quelque chose[1]. Cela est évident avec *B* où ce qui est fait (dans un certain contexte juridique, par exemple) en disant qu'il est interdit de vendre de l'alcool à des mineurs, c'est l'établissement d'une interdiction. Par le fait de dire qu'il est interdit de vendre de l'alcool aux mineurs, le locuteur *interdit* quelque chose, ou crée une interdiction. La même chose est assez évidente avec le cas de la promesse : lorsque je promets de faire quelque chose, je ne me contente pas de dire que je promets quelque chose, je réalise quelque chose de nouveau, une promesse. C'est ce que Austin avait qualifié d'aspect « performatif » du langage : en disant, je fais (advenir) çe que je dis. L'énoncé « performatif » est cet énoncé qui semble réaliser ce qu'il dit – voire amener au jour ce dont il parle – comme par exemple l'énoncé « Je te promets de venir » qui, disant que l'on promet, permet d'accomplir une promesse.

Or Austin a montré qu'on pouvait généraliser cette dimension et considérer que même l'énoncé *A*, disant que Charles aime le bon vin, possède un aspect performatif – celui qui consiste à *affirmer* quelque chose à propos de Charles. Il s'agit d'un énoncé à l'aspect performatif en ce sens qu'en disant quelque chose, je crée une certaine assertion à propos de Charles, laquelle est une nouvelle réalité créée, du même ordre que l'interdiction ou la promesse.

Cette dimension performative de l'énoncé est nommée « l'acte illocutoire » : c'est l'acte qui est fait en disant quelque chose au moyen de l'acte locutoire. Il ne s'agit plus par son moyen de dire quelque chose, mais bien d'accomplir quelque

---

1. En un sens qui reste à élucider.

chose dans le monde pour le modifier et par là de participer à une certaine pratique linguistique.

Car l'acte illocutoire est d'abord identifié par la *pratique* à laquelle il contribue ou par la *fonction* qu'il sert à accomplir : un ordre ou une promesse, une assertion ou un baptême, etc. Il est donc le niveau d'activité de la parole qui se situe au niveau de son usage ou de sa pratique. Wittgenstein [1], dans les *Recherches Philosophiques*, appellera « jeu de langage » ce niveau où le langage accomplit quelque chose parce qu'il a une fonction spécifique selon des objectifs définis.

Ensuite, l'acte illocutoire est fait *en* disant quelque chose, même s'il excède largement ce qui est dit (l'acte locutoire), en ce sens qu'il produit des effets spécifiques. Cet aspect actif particulier s'identifie précisément du fait qu'il *prend effet* dans le réel : avant de faire une promesse, en effet, ma promesse n'existe pas ; mais elle existe bel et bien après que je l'ai faite au moyen de mon énoncé. Autrement dit, on doit pouvoir mesurer l'efficacité de l'acte illocutoire en fonction des effets obtenus :

> 1) Un acte illocutoire n'aura pas été effectué avec bonheur, ou avec succès, si un certain effet n'aura pas été produit. Cela ne signifie pas pour autant que l'acte illocutoire soit lui-même la production d'un certain effet. Simplement on ne peut pas dire que j'ai averti un auditoire s'il n'a pas entendu ce que j'ai dit ou ne l'a pas pris en un certain sens. Un effet doit être produit sur l'auditoire pour qu'un acte illocutoire puisse être exécuté […].
> 2) Il ne faut pas confondre la façon dont l'acte illocutoire « prend effet » avec la production de conséquences, au sens

---

1. L. Wittgenstein, *Philosophical Investigations*, translated by G.E.M. Anscombe, 3ᵉ ed. London-Malden (Mass.), Blackwell, 2001 ; trad. fr. E. Rigal (dir.), *Recherches philosophiques*, Paris, Gallimard, 2004.

d'entraîner de façon « normale » tel ou tel état de choses, c'est-à-dire au sens d'un changement dans le cours habituel des événements […].

3) Nous avons dit que nombre d'actes illocutoires appelaient par convention une « réponse » ou une suite […]. (*HTD*, p. 116-117/124-125, traduction modifiée)

L'acte illocutoire est précisément un acte en ce qu'il est dans une relation « interne » avec l'effet qu'il produit – effet qu'il obtient par la reconnaissance de son statut (nous y reviendrons). L'acte illocutoire n'est l'acte qu'il est que s'il obtient un *effet spécifique*. Par exemple, l'acte de promettre n'est une promesse que s'il est pris comme une promesse et si, entre autres choses, il crée, ce faisant, un engagement à tenir ce qui est promis. De la même façon, l'acte d'assertion n'est une assertion que s'il est pris comme une assertion et si, entre autres choses, il oblige à dire ce qui est. Ce qu'on peut noter ici, c'est que l'action est identifiée par cette relation interne, c'est-à-dire par une nécessité d'entraîner un certain nombre de choses – donc en définitive, par une normativité propre (qui, pour l'annoncer immédiatement, tient au caractère conventionnel de ce type d'actes) [1]. Or c'est précisément cette normativité propre de l'acte illocutoire, qui explicite la structure téléologique propre de l'action illocutoire et qui a pour critère de réussite l'effet obtenu, qui le distingue du troisième type d'acte.

3) Il s'agit de « l'acte perlocutoire, qui est *l'obtention* de certains *effets* par le fait de dire quelque chose » [2]. En effet,

---

1. Une normativité propre qui repose sur un agent : le locuteur (singulier ou pluriel). C'est lui qui doit mener l'acte à son terme, en essayant de réunir les conditions pour le faire. C'est donc sur lui que repose la responsabilité de la réussite ou de l'échec de l'acte.

2. *HTD*, p. 120/129.

« dire quelque chose provoquera souvent – le plus souvent – certains effets sur les sentiments, les pensées, les actes de l'auditoire, ou de celui qui parle, ou d'autres personnes encore. Et l'on peut parler dans le dessein […] de susciter ces effets »[1]. En identifiant un acte perlocutoire, Austin intègre dans sa terminologie les effets rhétoriques du langage, découverts par les Anciens et oubliés par une bonne partie de la philosophie analytique[2]. L'acte perlocutoire est en effet l'acte réalisé au moyen de l'usage du langage, mais qui lui est consécutif, sans le suivre nécessairement. Le montrent bien les exemples A et B ci-dessus ; les effets obtenus sont de simples « conséquences » ou des « objectifs » qui n'ont rien de nécessaire : j'ai pu soulager l'hôte de Charles, mais j'aurais pu l'inquiéter ; l'interdiction de vendre de l'alcool a pu consterner les jeunes, mais elle aurait pu les rassurer. De la même façon, en disant que je promets de faire la vaisselle, je peux soulager ma compagne. J'effectue alors 1) l'acte locutoire de dire quelque chose ; disant cela j'accomplis 2) l'acte illocutoire de faire une promesse ; et suite à ces deux actes, je peux accomplir 3) l'acte de rassurer ma compagne. Il s'agit bien d'un troisième acte, réalisé au moyen du langage, en ce sens qu'il entraîne une conséquence sur autrui.

Toutefois, cet acte n'est pas dans une relation interne avec son effet, mais dans une simple relation *externe* ou de contingence : le fait que je rassure mon amie en promettant de faire la vaisselle ne s'ensuit pas *nécessairement*. En disant la même chose, je pourrais très bien l'effrayer, la faire rire, l'amener à douter de mon état mental, etc. Car les conséquences obtenues dépendent non pas d'une normativité interne à l'acte, mais de

---

1. *HTD*, p. 101/114.

2. Voir S. Toulmin, *The Uses of Argument*, 2e ed., Cambridge (Mass.), Cambridge UP, 2003.

circonstances extérieures – en l'occurrence, de la psychologie de ma compagne, de nos rapports, de notre histoire, du contexte, etc. Autrement dit, l'acte perlocutoire n'identifie qu'un usage du langage qui dépend des dispositions de chacun et qu'on ne peut par conséquent pas, selon Austin, formaliser, même si on peut, à la manière d'Aristote, essayer de trouver des règles permettant d'agir dans des circonstances mouvantes et qui s'apparentent plus des *stratégies* – la contingence de la stratégie s'opposant ici à la normativité fixe des règles.

La normativité « externe », ou faible, de l'acte perlocutoire, c'est-à-dire le fait qu'il *invite* le plus souvent à certaines « réponses » non-nécessaires, relève de deux facteurs différents et a pu conduire à dire qu'il n'était pas vraiment un acte. Revenons d'abord sur les traits qui dotent l'acte perlocutoire d'une normativité souple : il dépend *totalement* du contexte ou de la situation dialogique ; par conséquent, le locuteur n'a pas vraiment d'autorité sur lui. Contrairement à l'acte illocutoire, l'acte perlocutoire ne dépend pas d'une procédure (plus ou moins formalisée) pour être réalisée. Je ne peux en effet pas convaincre quelqu'un en faisant appel à une procédure bien définie qui, si elle était respectée, garantirait que la personne est convaincue. De la même façon, il n'existe aucune procédure me permettant de rassurer quelqu'un ou de l'injurier[1]. Autrement dit, la perlocution est sous-déterminée, en ce sens que rien ne peut vraiment déterminer à l'avance, c'est-à-dire

---

1. Cette absence de procédure est en grande partie contingente : une communauté linguistique peut toujours inventer une certaine procédure permettant de rassurer ou d'injurier. L'histoire et l'anthropologie nous apprennent d'ailleurs que des procédures linguistiques ont bel et bien permis d'injurier. Rien n'empêche *a priori* qu'un acte perlocutoire devienne un acte illocutoire et vice-versa.

avant l'obtention de ses effets, si l'action souhaitée sera ou non réussie. Dès lors, l'effet obtenu ne peut jamais être qu'*approprié* et non pas prescrit[1] : rien n'oblige ma compagne à être rassurée par ma promesse de faire la vaisselle (elle peut même être inquiète), alors que je suis tenu à la respecter. On peut dire, pour reprendre la distinction proposée par Searle, que dans un cas (illocutoire) l'acte est *conventionnel* et dans l'autre (perlocutoire) l'acte est *naturel*, en ce sens que l'obtention de ses effets ne dépend pas du respect de conventions ou de procédures, mais simplement des circonstances naturelles de son énonciation[2]. Négativement, cet acte naturel se distingue par le fait qu'on ne peut pas annuler ses effets – ce que M. Sbisà appelle la « non-défaisabilité » de l'acte perlocutoire : je peux toujours annuler ma promesse ou m'en défaire, par un certain nombre de moyens ; mais je ne peux pas annuler le fait que ma compagne est soulagée (ou inquiète) quand je lui promets de laver la vaisselle. Aucune procédure n'est disponible pour annuler les effets ainsi engendrés[3].

Mais si l'acte perlocutoire est naturel et ne dépend pas tant du locuteur que des circonstances naturelles de l'énonciation, on peut en venir à douter qu'il soit encore justifié de le qualifier d'acte. Autrement dit, on peut en venir à rejeter l'idée que le locuteur soit *responsable* de l'ordre perlocutoire. Ce rejet du domaine perlocutoire hors de la sphère d'autorité du locuteur est cependant problématique en ce qu'elle conduit à considérer que toutes les conséquences qui s'ensuivent d'un énoncé

---

1. Voir S. Cavell, « La passion », trad. fr. P.-E. Dauzat, dans *Quelle philosophie pour le vingt-et-unième siècle ?*, Paris, Gallimard, 2001.

2. Voir J.R. Searle, *Les actes de langage, op. cit.*, p. 76-80, 114.

3. Voir M. Sbisà, « How to read Austin », *Pragmatics* 17 (2007), p. 461-473.

en-dehors des effets illocutoires ressortissent au domaine du perlocutoire. Ce concept devient alors tellement étendu qu'il n'est plus discriminant et qu'il conviendrait alors tout aussi bien de l'abandonner. En quoi resterait-il encore légitime de parler d'acte perlocutoire ?

En réalité, l'objection précédente repose souvent sur l'idée qu'un événement peut être qualifié d'acte si on peut en attribuer la responsabilité à quelqu'un (en l'occurrence le locuteur) et que cette responsabilité repose sur le caractère intentionnel de l'acte. Autrement dit, on présuppose qu'un acte fait au moyen du langage ne l'est que si le locuteur a l'intention de commettre cet acte. Par exemple, je n'aurais commis l'acte d'effrayer ma compagne en lui promettant de faire la vaisselle, que si j'avais l'intention de l'effrayer en disant cela, que si je l'ai dit *à propos*, *intentionnellement*. Or nul est obligé d'admettre cette double équivalence : *action = responsabilité = intention de faire*. On peut tout à fait considérer que la simple équivalence *action = responsabilité* suffit. Dès lors, il n'est plus problématique de considérer qu'il y a bien un acte perlocutoire dont le locuteur est responsable[1]. En effet, supposons que, voulant faire plaisir à mon amie, je lui promette de faire la vaisselle et que, disant cela, je réussisse à faire une promesse. Supposons maintenant que, contrairement à mes attentes, cette promesse inquiète mon amie. Je n'ai certainement pas

---

1. On trouve cette idée développée dans J.L. Austin, « A Plea for Excuse » (1956), « Pretending » (1957), « Three Ways of Spilling Ink » (1958), trad. fr. L. Aubert et A.-L. Hacker, dans *Écrits philosophiques*, Paris, Seuil, 1994. G.E.M. Anscombe développe l'idée proche selon laquelle un événement se qualifie comme action dès lors qu'on peut en rendre compte (qu'on peut répondre à la question « Pourquoi ? ») dans *Intention*, London, Blackwell, 1957 ; trad. fr. C. Michon et M. Maurice, *L'intention*, Paris, Gallimard, 2002, § 5-7 et 17-18.

eu l'intention d'inquiéter mon amie. Pourtant, l'inquiétude s'ensuit bien chez mon amie comme un effet de ma promesse. Dira-t-on que je ne suis pas responsable de l'inquiétude suscitée chez mon amie? Non, selon toute vraisemblance, on m'attribuera la responsabilité de cette inquiétude, même si je ne l'avais pas recherchée. L'attribution de responsabilité est encore plus évidente dans les cas où l'acte est susceptible d'avoir des suites judiciaires. Un exemple souvent débattu est celui de l'insulte. Si un locuteur, par certaines de ses paroles, insulte une personne, alors même qu'il n'en a pas l'intention, la cour de justice qui tranchera la question de savoir si le locuteur a bel et bien insulté ne se prononce sur cette question qu'en tant que la responsabilité du locuteur est engagée dans l'acte d'insulter, même involontaire. Certes, on pourra modérer la responsabilité du locuteur, soutenir que ses paroles ont dépassé sa pensée – autant de circonstances atténuantes qui ne seront précisément atténuantes que parce que la responsabilité du locuteur est engagée dans les effets engendrés par sa parole.

Il semble donc légitime, si l'on veut reconnaître la dimension d'activité liée aux effets (naturels) provoqués par la parole d'un locuteur, de parler d'*acte* perlocutoire. Celui-ci correspond à une perspective précise prise sur l'action réalisée par la parole : celle à partir de laquelle on évalue les effets que la parole du locuteur a dans le cours du monde naturel et pour lesquels il peut se voir attribuer une responsabilité. Que cette responsabilité ne soit pas parfaite, qu'on puisse l'atténuer, la minorer, n'implique pas qu'il ne s'agit pas d'un acte de la part du locuteur.

Toutefois, la dimension naturelle de ce type d'actes exclut qu'on puisse précisément prévoir les effets générés, de telle sorte qu'il est très difficile d'en établir une « logique » et une typologie. Comme le dit Austin : « Un juge devrait pouvoir décider, en entendant ce qui a été dit, quels actes locutoires et illocutoires ont été exécutés ; mais non quels actes perlocutoires » (*HTD*, p. 121/129). C'est pourquoi on s'intéresse essentiellement à l'acte illocutoire qui avait été négligé jusqu'ici et dont le caractère formalisable repose précisément sur la normativité interne qui le règle, c'est-à-dire, on le verra, sur sa conventionnalité. C'est également la raison pour laquelle, lorsqu'on parle d'acte de parole, on entend presque toujours parler de l'acte illocutoire, qui, on l'a vu, est le niveau d'analyse de la *fonction* propre du langage dans sa *pratique*.

COMMENT L'ON FAIT EN DISANT

Ayant identifié plusieurs façons, pour le langage, de faire des choses, essayons maintenant de comprendre comment le langage peut avoir cette formidable capacité – certains diront « magique » – qui consiste à faire des choses avec les mots, voire parfois à faire advenir ce que les mots disent. Ce faisant, nous serons uniquement concernés par les actes illocutoires, qui sont précisément ceux qui modifient « l'état du monde » d'une manière inédite.

Les conditions de la parole et la définition conventionnelle des actes de parole

Nous avons noté que la caractérisation de la parole comme acte avait pour versant négatif sa possibilité d'échec. Le versant positif en est que la parole a nécessairement des conditions : ce sont des conditions d'usage – ce que Austin appelle des « conditions de félicité » et Searle des « conditions constitutives » – qui ne sont pas, ou pas seulement, des conditions de vérité.

Posons d'abord les conditions de réussite des énoncés repérées par Austin, en voyant comment Searle propose d'en faire des règles constitutives :

> (*A*.1) Il doit exister une procédure conventionnelle, reconnue et acceptée, qui a un certain effet conventionnel, et qui doit comprendre l'énonciation de certains mots par certaines personnes dans certaines circonstances.
>
> (*A*.2) Il faut que, dans chaque cas, les personnes et les circonstances particulières soient celles qui conviennent pour qu'on puisse invoquer la procédure en question.
>
> (*B*.1) La procédure doit être exécutée par tous les participants, à la fois correctement et
>
> (*B*.2) intégralement.
>
> (*Γ*.1) Lorsque la procédure […] suppose chez ceux qui recourent à elle certaines pensées ou certains sentiments, lorsqu'elle doit provoquer par la suite un certain comportement de la part de l'un ou de l'autre des participants, il faut que la personne qui prend part à la procédure (et par là l'invoque) ait, en fait, ces pensées ou sentiments, et que les participants aient l'intention d'adopter le comportement impliqué. De plus,
>
> (*Γ*.2) ils doivent se comporter ainsi, en fait, par la suite. (*HTD*, p. 15/49)

Ces conditions sont des conditions pragmatiques, en ce sens que l'énoncé proféré doit également accomplir une fin déterminée par ces conditions. Par ailleurs, on l'a déjà vu, la fin ainsi créée n'est pas une fin naturelle : c'est une fin conventionnellement créée, qui sera obtenue par le respect d'une procédure conventionnelle.

Parmi ces six conditions, il faut comprendre que toutes n'ont pas le même statut et l'on peut dire que les deux premières sont des conditions essentielles, en ce sens que, si elles ne sont pas respectées, il n'y a pas d'acte illocutoire du tout. Par contre, le non-respect des règles B et Γ n'engendre que deux types de ratés différents de l'acte : le premier quand à sa clôture (l'acte n'est pas réalisé *complètement*) ; le deuxième quant à la sincérité (l'acte n'est pas accompli de manière *approprié* – en un sens d'approprié qui a à voir avec l'*ethos* des agents). Nous nous concentrerons sur les deux premières.

Ces conditions posent qu'un acte illocutoire ne peut trouver à s'accomplir que si une communauté donnée considère que l'accomplissement d'une certaine énonciation vaut comme la réalisation d'un certain effet. Cela explique la sous-détermination sémantique de l'aspect pragmatique : ce n'est pas le contenu de l'énoncé qui détermine ce qu'il fait, mais bien plutôt une volonté commune de la part des hommes de considérer qu'un énoncé de telle forme vaut, par exemple, comme promesse. Cela équivaut, dans les termes de Searle, à une définition *constitutive* de l'acte de parole, qui s'écrit sous cette forme : X vaut comme Y dans un contexte C[1]. Elle rend compte ou explique une véritable *transformation* de X en Y, et donc la *création* de Y, son advenue au sein de la réalité mondaine.

Or cette transformation de X en Y, cette réalisation de Y au moyen de la procédure utilisée ne s'accomplit que si chacun s'accorde pour *reconnaître* que Y a été accompli. En effet, l'efficacité qui est ici en jeu est une efficacité sociale, c'est-à-dire symbolique, qui fait que l'on tient l'énonciation de X pour la réalisation de Y. X ne vaut comme Y que parce que l'ensemble des membres de la communauté (linguistique) considèrent que X vaut comme Y. C'est simplement parce que

---

1. Voir J. Searle, *Les actes de langage, op. cit.* Il s'agit de la règle 5 de la définition de l'acte de parole.

tout le monde est d'accord pour considérer que l'énonciation de « Je t'ordonne de laver mes chaussettes » dans un contexte particulier vaut comme un ordre, que cet énoncé agit comme un ordre – notamment parce que l'interlocuteur le prend comme un ordre, étant donnée la procédure de définition de l'ordre, qu'il reconnaît.

Cela souligne immédiatement l'importance du contexte ou de la situation d'énonciation dans la définition de l'acte illocutoire (règle A.2) : c'est seulement dans un contexte particulier que le fait de dire que je promets de faire la vaisselle peut valoir comme promesse – si par exemple, la vaisselle n'est pas faite, si je peux tenir cette promesse, si la personne à qui je promets a des raisons de me prendre au sérieux, etc. Tout un ensemble de conditions annexes et non-énumérables par principe vient déterminer la réussite ou non, à un moment donné, de l'emploi d'une procédure définie.

Il ne s'agit donc pas seulement de faire appel à une procédure formelle pour réussir à accomplir un acte illocutoire, il faut encore que l'appel à cette procédure soit *approprié*, c'est-à-dire qu'il convienne aux circonstances dans lesquelles cet appel est fait. (Peut-on donner un ordre à un colonel quand on est simple soldat ? Tout dépend.) Ces circonstances ne sont pas déterminables à l'avance et ne peuvent donc pas toutes figurer en tant que telles dans la définition de l'acte, mais figure parmi celles-ci un certain nombre minimal (et non exhaustif, ni nécessaire) des conditions requises qui permettent à la définition d'être définitionnelle, au moins par défaut, et donc d'être normative.

Les circonstances viennent ainsi déterminer un peu plus la procédure définitionnelle, sans en réduire la portée normative, mais en la dotant d'une certaine souplesse : une dialectique complexe s'établit entre la procédure formellement et conven-

tionnellement définie et les circonstances toujours chan-
geantes dans lesquelles elle s'inscrit et qui offrent toujours une
marge au jugement humain pour déterminer ce qui est fait et
ce qu'il convient de faire. Cela n'entame en rien le caractère
normatif de la procédure (il y a bien des chose *à faire* dans
certaines circonstances) – cela entame tout au plus la nécessité métaphysique qu'on pourrait vouloir lui attribuer – et
n'empêche pas l'acte de parole d'être bien une sorte de rituel
social, qui doit se faire en suivant un *type*. Cette souplesse dans
la typologie rejoint les propositions des ethnologues travail-
lant sur la parole [1] et confirme que l'acte de parole est au moins
un accomplissement dans l'ordre social en ce qu'il nécessite
un accord sur la procédure.

La promesse entre intention et conventions : une efficacité de la sincérité ?

L'analyse de la promesse sert souvent à défendre une
conception intentionnaliste de la parole et à remettre en cause
l'analyse conventionnaliste proposée ci-dessus. Puisque la
promesse peut s'analyser comme un engagement de la part du
locuteur à travers ce qu'il dit, il semble immédiatement que
celui-ci doit avoir *l'intention* de tenir ce qu'il dit pour réaliser
une vraie promesse. On dira qu'un acte de parole de promesse
n'est pas vraiment accompli si le locuteur n'avait pas derrière
(ou « dans sa tête ») l'intention de la tenir, de telle sorte que
l'efficacité de cet acte de parole est rapportée à l'engagement
qui y est alors pris par le locuteur, analysé en termes de sincérité. Cette analyse est devenue le cadre-type de l'analyse de la

---

1. Voir W. Hanks, *Language and Communicative Practices*, Boulder,
Westview Press, 1996.

promesse tout à la fois que le paradigme de l'analyse des actes de parole en général.

Or on peut montrer que la (seule) présence de cette intention ne garantit absolument pas l'effectivité de la promesse en tant qu'acte de parole, car la normativité apparaît nécessairement conventionnelle et publique. Il s'agit ici de voir en quoi seule une analyse conventionnaliste de la promesse sauvegarde son côté engageant, sans qu'il soit nécessaire de confier un rôle déterminant à l'aspect intentionnel de l'acte de promettre.

La clause de sincérité

Parmi les conditions de félicités relevées précédemment, figurent ce qu'on peut appeler des clauses de sincérité (conditions de type Γ). Il convient ainsi de promettre sincèrement pour promettre réellement (en plus de dire que l'on promet), de la même façon qu'il convient de croire (vraiment) ce que l'on affirme lorsqu'on dit que votre film préféré passe au cinéma. Dans les deux cas, le locuteur s'engage à ce que ce qu'il dit soit, d'une façon d'une autre, le cas. Tel est même le trait spécifique de l'acte de parole « promesse » : le locuteur doit *vraiment* promettre dans un cas, c'est-à-dire s'engager[1]. Cette « véracité » est assurée par la satisfaction de la condition de type Γ. Il semble alors que lorsqu'un locuteur promet, il doit avoir *l'intention* de promettre, comme condition de réussite de sa promesse.

Searle fait fond sur cet aspect des promesses pour donner un rôle important aux intentions : son analyse des actes de parole prend comme modèle la promesse, dont le caractère intentionnel semble être *logiquement déterminant*.

---

1. Parallèlement, il doit *vraiment* affirmer dans l'autre cas.

Si un locuteur L prononce la phrase T en présence d'un auditeur A, T étant employé littéralement, L fait à A la promesse sincère et sans défaut p si les conditions […] suivantes sont remplies :
[…] 6. L a l'intention d'effectuer C.
La différence entre promesse sincères et promesses non-sincères réside en ceci : dans le cas des promesses sincères, le locuteur a l'intention d'effectuer l'acte promis, dans le cas des promesses non-sincères, il n'a pas l'intention de l'effectuer. […] J'appellerai cette condition : *la condition de sincérité*.
7. L'intention de L est que l'énoncé de T le mette dans l'obligation d'effectuer C.
[…] Il est […] nécessaire d'avoir cette intention pour faire une promesse, car si un locuteur peut démontrer qu'il n'avait pas cette intention en prononçant telle phrase, il peut alors prouver qu'il ne s'agissait pas d'une promesse. […] J'appelle cette condition : *la condition essentielle* [1].

Suivant cette analyse, il convient d'introduire les intentions comme des conditions déterminantes de l'acte de parole qu'est la promesse, puisque c'est en raison de leur présence que l'on s'engage vraiment. Comme la promesse se définit essentiellement par l'engagement du locuteur auquel sa réalisation conduit (tel est l'objet de la promesse), la présence de l'intention, qu'elle suppose, est nécessairement requise pour réussir à promettre. De telle sorte que la condition de sincérité (6) se transforme rapidement en condition essentielle (7), dès lors qu'on comprend que « la condition essentielle » n'est jamais que *l'expression* de la condition de sincérité. Si, par exemple, je dis : « Je te promets de faire la vaisselle », mais que je n'ai absolument pas l'intention de faire la vaisselle, alors, en fait, je n'ai pas fait de promesse. Ma sincérité n'étant pas engagée, l'acte de parole n'est pas celui de

---

1. J. R. Searle, *Les actes de langage*, *op. cit.*, p. 102.

la promesse. Plus exactement, comme la condition essentielle est en fait la présence d'une intention par laquelle on s'engage à faire ce qu'on dit qu'on va faire en disant qu'on va le faire, l'engagement propre de la promesse est en fait pris *au niveau intentionnel* et n'existe pas si ce niveau est absent. Il est alors bien évident, dans ce cas, que si je ne pense pas tenir ma promesse, je ne promets pas.

Searle remarque pourtant que les promesses non-sincères sont aussi des promesses et il en donne l'analyse suivante :

> En faisant une promesse non-sincère, le locuteur n'a pas toutes les intentions qui correspondent à la promesse sincère ; en particulier, il lui manque l'intention d'accomplir l'acte promis. Cependant, il *prétend* avoir cette intention. Et c'est précisément parce qu'il prétend avoir des intentions qu'il n'a pas réellement, que nous décrivons son acte comme insincère.
>
> [...] Je formulerai ceci de la manière suivante :
>
> 6a. L'intention de L est que l'énonciation de T le rendra responsable de son intention d'effectuer C [1].

Toute la charge de l'engagement propre à l'acte de parole qu'est la promesse repose bien sur l'intention. Ce qui m'engage, c'est bel et bien l'intention concomitante à l'énonciation d'une promesse ; mais lorsque je n'ai pas l'intention de m'engager, l'énonciation est encore une promesse en ce que je *fais* alors *semblant* de m'engager en faisant semblant d'avoir l'intention correspondante – en exprimant encore d'une façon ou d'une autre, par mon énoncé, l'intention de m'engager. Ce qui m'engage n'est donc pas tant ma promesse (son énoncé) que l'intention de tenir ma promesse. L'énoncé de promesse n'est alors pas véritablement déterminant. Lorsque je ne

---

1. J.R. Searle, *Les actes de langage*, *op. cit.*, p. 104, traduction modifiée, nous soulignons.

m'engage pas par ma promesse, *j'exprime* bien mon intention de tenir ma promesse, mais j'ai une intention de second ordre qui m'engage (seulement) vis-à-vis de l'expression de l'intention de tenir ma promesse, et non pas vis-à-vis de la chose promise. C'est bien là que réside le caractère normatif spécifique de cet acte de parole – l'aspect engageant étant reconduit à une doublure mentale de l'acte de parole.

Les problèmes de la caractérisation intentionnelle

Cette analyse strictement intentionnelle rencontre cependant plusieurs difficultés. Premièrement, elle ne fournit strictement aucun critère observable qui distingue l'intention sincère de l'intention non-sincère, ni donc la véritable promesse de la fausse promesse – sauf le fait qu'elle ne soit pas sincère. En effet, ce qui est censé distinguer l'énonciation de *T* comme promesse sincère de la même énonciation de *T* comme insincère n'est pas une différence dans l'énonciation ou la matérialité de l'acte, mais une différence dans la façon dont le locuteur considère l'énonciation qu'il réalise : dans un cas, il a vraiment l'intention de s'engager à faire ce qu'il dit, qui l'engage vis-à-vis de ce qu'il a dit qu'il fera ; dans l'autre cas, il serait seulement engagé vis-à-vis de l'expression de son intention de faire ce qu'il dit. Outre qu'on ne voit pas très bien ce qui consiste à être engagé vis-à-vis d'une intention, on ne comprend pas comment on peut être engagé vis-à-vis d'une intention *qui*, par définition, *n'est pas présente* (puisque sa présence détermine la sincérité de la promesse et que, par hypothèse, nous avons affaire à une promesse qui n'est pas sincère). Surtout, on ne voit pas comment distinguer, que ce soit conceptuellement ou dans la réalité de l'échange discursif, une promesse sincère d'une promesse insincère si aucun critère de distinction n'est disponible, c'est-à-dire si rien ne les distingue du point de vue public ou *objectif*.

Searle avance l'idée, empruntée à Grice[1], qu'un énoncé *exprime* une intention, et donc que l'intention doit, d'une certaine façon, se donner à voir si elle est présente. À supposer que ce soit le cas, le problème n'est pas résolu pour autant, puisque dans le cas qui nous préoccupe précisément, *l'intention doit se donner à voir de la même façon dans chaque énoncé*, qu'il soit une vraie ou une fausse promesse (puisque le locuteur prétend être sincère lorsqu'il ne l'est pas). Ce n'est en effet pas la façon dont se donne l'intention qui change dans le passage d'une promesse sincère à une promesse insincère, mais *l'engagement* pris relativement à cette intention (un engagement sincère dans un cas, insincère dans l'autre). On peut alors essayer de s'en sortir en faisant appel à des intentions de second ordre. Mais on n'échappe alors pas à une régression à l'infini : si ce qui identifie la promesse sincère par rapport à la promesse insincère, c'est la sincérité de mon engagement vis-à-vis de mon intention de tenir ma promesse, qui s'opère par une seconde intention (celle de respecter mon engagement), alors comment être sûr que mon intention de tenir sincèrement l'intention de tenir ma promesse est elle-même sincère, sinon en recourant à une intention de troisième ordre venant garantir la sincérité de l'intention de second ordre – laquelle intention de troisième ordre devra nécessairement faire appel à une intention de quatrième ordre pour garantir sa sincérité ? Ces conditions de sincérité ne disposent d'aucun critère permettant à l'interlocuteur d'identifier la promesse ; il peut donc toujours en douter et elles n'ont alors aucune consistance ou objectivité propre. De telle manière que ce type d'analyse ne fournit, en définitive, aucun moyen de distinguer la promesse (vraiment)

1. Voir H.P. Grice, *Studies in the Way of Words*, Cambridge (Mass.), Harvard UP, 1989.

sincère de la promesse (vraiment) insincère – et la normativité propre de la promesse semble se perdre dans la nuée des
intentions.

Illustrons cela avec un exemple. Supposons que je dise à
Valérie : « Je te promets de venir au cinéma ». Si l'on suit
l'analyse searlienne, l'engagement pris par cette énonciation
dépend de l'intention qui accompagne (ou est exprimée par)
cet énoncé. Si ma promesse est sincère, alors, par hypothèse,
j'ai l'intention d'accomplir ce qui est promis, qui est d'ailleurs
exprimée par mon énoncé. Si, par contre, ma promesse n'est
pas sincère, alors je n'ai pas l'intention d'accomplir ce qui est
promis (qui est, malgré tout, toujours exprimée par mon
énoncé), mais j'ai l'intention d'être engagé par l'expression,
via mon énoncé de promesse, de mon intention d'accomplir ce
qui est promis. Dans les deux cas, ce qui est censé apparaître,
c'est l'intention d'accomplir ce qui est promis, portée par
l'énonciation de la promesse. Mais en quoi cette intention
manifeste peut-elle engager à quoi que ce soit si sa présence
(apparente) ne garantit pas l'engagement ? En quoi puis-je
promettre en manifestant mon intention de tenir ma promesse
si, en définitive, ce n'est pas cette intention qui m'engage,
mais une intention seconde, non manifeste, qui me détermine,
ou non, à faire en sorte de réaliser cette intention ? D'une
certaine façon, la promesse est toujours manifestement creuse
(ou manifestement sincère – ce qui revient au même). De telle
sorte que l'énoncé de promesse, en tant que tel, en vient à être
incapable d'engager qui que ce soit et perd ce qui est censé être
sa spécificité.

C'est le reproche que Austin adressait déjà à ce qu'on peut
appeler les théories « mentalistes » de la promesse, lorsqu'il
remarquait qu'« il nous arrive souvent d'avoir l'impression
que le sérieux des mots leur vient de ce qu'ils ont été pronon-

cés seulement comme le signe extérieur et visible d'un acte intérieur et spirituel – signe commode dont le rôle serait de conserver les traces de l'acte ou d'en informer les autres. […] Pourtant, […] la précision et la moralité sont toutes deux du côté de celui qui dit tout simplement que *notre parole, c'est notre engagement* »[1]. Austin souligne ici que seule *l'énonciation* de la promesse, en ce qu'elle est publique et objective (« vérifiable »), est responsable de l'engagement qui s'ensuit, et s'attaque à l'idée voulant qu'une doublure mentale soit responsable de cet engagement. Outre la remarque acide selon laquelle une telle solution empêche en réalité toute sorte d'engagement moral, il convient de comprendre que cette solution ne permet aucun engagement en général, ou fait perdre son objectivité à l'engagement ordinaire de la promesse. Ce n'est pas l'intention qui engage car l'engagement nécessite précisément une reconnaissance (X *vaut comme* Y dans un contexte C) que l'intention ne permet pas. La possession de l'intention n'est donc pas plus engageante que son expression.

Il est dès lors probablement plus réaliste de supposer que c'est tout simplement l'accomplissement d'un acte de parole particulier, aux conditions particulières de réussite et aux implications normatives spécifiques (obligeant notamment, dans le cas de la promesse, le locuteur à faire ce qu'il a dit, à la différence de la déclaration d'intention, par exemple), qui réalise la promesse. Celle-ci n'est pas un accomplissement spirituel mais un acte de parole. Ce serait nier cette réalité d'acte de parole que de la renvoyer, en amont, à un acte spirituel qui conditionnerait son effectivité engageante. De la même façon, son caractère normatif, prescriptif, ne dérive pas des actes mentaux qui la sous-tendent, mais tout simplement

1. *HTD*, p. 9-10/43-44, traduction modifiée.

du fait qu'on s'est alors engagé dans l'activité qu'elle est, c'est-à-dire dans une activité qui est *conventionnellement définie* comme impliquant nécessairement un certains nombre d'obligations (on y reviendra).

Le rôle de la reconnaissance : conventions versus *signification et intentions*

Le fait que les actes de parole doivent leur existence à des conventions entraîne une conséquence importante concernant leur bonne réalisation, qu'il est nécessaire de bien identifier : leur aspect « communicationnel ». Si on reprend en effet la formulation de la condition *A*.1, on remarque que la procédure permettant d'exécuter un acte de parole doit être « reconnue ». Et dans plusieurs formulations précédentes, empruntées à Austin ou à Searle, nous avons dit qu'un acte de parole n'était l'acte de parole qu'il était qu'à être reconnu dans sa prétention à l'être. En effet, mon énoncé doit correspondre, entre autres choses, à la procédure conventionnelle correspondante à un certain acte pour se qualifier comme cet acte et avoir les effets correspondants. Cela implique que mon énoncé doit obtenir cette qualification, qu'il va recevoir ou non des interlocuteurs. Ce fait décisif avait déjà été noté par Austin :

> 1) Un effet doit être produit sur l'auditoire pour qu'un acte illocutoire puisse être tenu pour achevé [ou réussi]. […] L'effet consiste généralement à provoquer la compréhension de la signification et de la valeur de la locution. L'exécution d'un acte illocutoire nécessite l'obtention de sa bonne *saisie et reprise* comme tel [*the securing of uptake*]. (*HTD*, p. 117/124, traduction modifiée)

Autrement dit, un acte de parole demande, pour être réalisé, à être « compris » comme étant réalisé – ou il demande à être *reconnu*. Et il n'est réussi qu'à être reconnu, en ce sens

que l'interlocuteur auquel l'acte de parole s'adresse doit reconnaître que l'invocation d'une certaine procédure employée par
le locuteur est légitime dans le contexte où elle est employée,
étant données les conditions conventionnelles d'usage de cette
procédure. Une condition de réussite essentielle de tout acte de
parole est alors la «bonne compréhension», c'est-à-dire la
reconnaissance que lui accorde la personne vis-à-vis de
laquelle il est réalisé [1].

Pour faire comprendre le poids déterminant de la
reconnaissance, il est utile de considérer à nouveau l'exemple
de la promesse. Il est en effet essentiel à un énoncé de promesse
d'être compris ou reconnu comme promesse pour donner lieu
à une promesse. Si je dis «Je promets de faire la vaisselle ce
soir», mais que mon interlocutrice prend/comprend/reconnaît
cet énoncé comme une affirmation, une plaisanterie, ou un
vœu (toutes compréhensions qui ne sont pas exclues par la
sémantique de l'énoncé), alors mon énoncé n'est pas pris
comme une promesse, c'est-à-dire qu'il ne prend pas *effet*. Il
faut que mon énoncé soit d'une certaine façon admis par mon
interlocutrice comme étant légitimé à faire une promesse pour
qu'il accomplisse une promesse (mon interlocutrice devant
faire partie de la même communauté de langage que moi
pour connaître les conventions de son usage et ainsi pouvoir
reconnaître mon bon accomplissement de la procédure).

Un rôle central est ici dévolu à l'interlocuteur dans la
réalisation d'un acte de parole, en ce qu'il vient en quelque

---

1. Le vocabulaire austinien de l'«*uptake*» n'est pas ambigu en anglais
mais il est assurément intraduisible. L'idée est que l'interlocuteur admet et
reprend à son compte l'acte de parole réalisé par le locuteur. Les développements récents en pragmatique utilisent le vocabulaire de la reconnaissance dans
un sens qui n'a ainsi rien de moral.

sorte (au moins virtuellement) vérifier que je me conforme bien à la définition de l'acte que je prétendais réaliser. Je suis toujours redevable de quelque chose quand j'ai réussi un acte de parole, parce que je ne le réussis que par la grâce d'un interlocuteur [1] qui m'accorde sa reconnaissance et contraint de la même façon à respecter les engagements par là pris.

Searle a beaucoup insisté sur ce point [2], mais en modifiant l'analyse conventionnaliste austinienne afin de proposer une compréhension de l'efficacité de l'acte de parole qui repose à nouveau sur les intentions du locuteurs et la signification de l'énoncé (elle-même ramenée à l'expression d'intentions). Voici en effet comment il analyse la « compréhension » d'un acte de langage, dont dépend sa réalisation :

> Comprendre une phrase, c'est connaître sa signification.
>
> La signification d'une phrase est déterminée par des règles, et ces règles spécifient à la fois les conditions d'utilisation de la phrase et aussi à quoi revient son emploi.
>
> Prononcer une phrase en voulant la dire concerne : (a) l'intention i-I d'amener l'auditeur à savoir (reconnaître, se rendre compte) que certaines situations spécifiées par quelques unes des règles sont réalisées ; (b) l'intention d'amener l'auditeur à savoir (à reconnaître, à se rendre compte de) ce fait en l'amenant à reconnaître i-I ; et (c) l'intention de l'amener à reconnaître i-I en vertu de la connaissance qu'il a des règles s'appliquant à la phrase prononcées.

---

1. Cet interlocuteur peut être réel ou virtuel, singulier ou collectif. Cette nécessité d'une co-présence d'un interlocuteur reconnaissant mon bon suivi de la procédure dérive de la définition conventionnelle de l'acte de parole. Nous verrons son caractère décisif, *cf.* p. 58.

2. Voir aussi K. Bach et R. Harnish, *Linguistic Communication and Speech Acts*, Cambridge (Mass.), MIT Press, 1979.

La phrase fournit alors un moyen conventionnel de réaliser l'intention de produire chez l'auditeur un certain effet illocutoire [1].

L'idée est que les règles ou les conventions déterminent ce que l'on peut faire au moyen d'une phrase, mais qu'il faut également faire intervenir des intentions dans l'interaction nécessaire à la mise en place de l'acte illocutoire lors de l'usage de cette phrase. L'interlocuteur doit en effet comprendre ce que je veux faire par l'usage de cette phrase pour que cette phrase obtienne un effet illocutoire et devienne par là un acte. Pour comprendre ce que je veux faire, il doit saisir ou reconnaître l'intention avec laquelle je l'utilise : *dans* l'intention de saluer, par exemple. Si j'utilise ainsi la locution « Bonjour », celle-ci a des règles d'usage selon lesquelles, dans certaines circonstances, l'usage de cette phrase équivaut à faire un salut. Mais encore faut-il que l'interlocuteur comprenne que je veux le saluer en utilisant cette phrase. C'est pourquoi il doit saisir l'intention de saluer qui est (éventuellement) la mienne en l'utilisant. S'il comprend mon intention de saluer, alors il confère à ma phrase le statut d'un salut en considérant qu'elle a pour effet de le saluer [2].

Il faut toutefois raffiner les choses et distinguer plusieurs niveaux intentionnels, qui viennent garantir le fait que l'auditeur ne se trompe pas sur mon intention. Je dois faire en sorte qu'il saisisse trois types d'intentions différentes : l'intention de lui faire comprendre que le contexte est adéquat pour utiliser cette phrase correctement ; l'intention qu'il comprenne

1. J.R. Searle, *Les actes de langage, op. cit.*, p. 89, traduction modifiée.

2. Ce type d'argumentation trouve son origine chez Strawson, dans « Intentions and Conventions in Speech Acts », dans *Logico-Linguistics Papers*, London, Methuen, 1971, notamment p. 159.

cette première intention (c'est-à-dire le caractère communicationnel de mon énonciation); et l'intention qu'il comprenne
bien ma première intention en fonction des règles du langage.
Cela suppose que la compréhension d'un énoncé correspond à
une saisie de ses règles d'usage correct, et revient donc à déterminer la pragmatique d'un énoncé (son usage) par sa sémantique. On assiste ici à la défense d'une explication intentionnelle et sémantique de l'activité du langage : faire quelque
chose par les mots, c'est réussir à se faire comprendre, en ce
sens qu'il s'agit de faire comprendre ce qu'on *entend* faire au
moyen des mots.

Cette explication non-conventionnaliste est désormais
devenue standard dans la pragmatique philosophique anglo-
saxonne, mais elle nous semble manquer le propre de l'acte de
parole (le fait qu'il effectue une action), en réduisant les effets
de l'acte à la simple obtention de la *compréhension* de l'énoncé.
Comme le dit M. Sbisà, dans cette perspective, « l'effet caractéristique de l'acte illocutoire (son effet illocutoire) est identifié
avec la reconnaissance, par l'auditeur, de l'intention communicationnelle du locuteur »[1], c'est-à-dire qu'il est réduit à ce
qui, selon Austin, n'est qu'un des trois effets de l'acte illocutoire qui permettent de le qualifier comme acte : l'obtention de
sa bonne compréhension (*the securing of uptake*). Or réduire
l'action à la simple compréhension, c'est finalement dénier le
caractère novateur du concept d'acte de parole, car on ne voit
alors plus bien ce qui distingue l'acte de parole du simple
énoncé *disant* quelque chose (dont le principe est précisément
d'être *compris*). Par conséquent, avant de spécifier quels sont

---

1. M. Sbisà, « Illocutionary Force and Degrees of Strength in Language
Use », art. cit., p. 1795.

les effets propres de l'acte de parole qui permettent proprement de le comprendre comme une action, nous allons revenir de manière critique sur les hypothèses avancées par Searle et qui sont largement répandues.

1) Une première hypothèse veut que la signification d'une phrase exprime ses conditions d'usage[1]. Or c'est une hypothèse qui est remise en cause par plusieurs travaux de pragmatique qui ont avéré la sous-détermination sémantique de la pragmatique, c'est-à-dire le fait que le sens d'une phrase n'explicite pas ses conditions d'usage[2]. L'exemple le plus probant en faveur de l'idée de Searle est probablement celui de l'énoncé « Bravo » dont le sens correspond à celui d'une « exclamation dont on se sert pour applaudir, pour approuver »[3], ou celui des énoncés dont les verbes explicitent l'acte illocutoire qu'ils réalisent, tel « Je te promets de venir demain ». Le sens de l'énoncé « bravo », ou du verbe « promettre », correspond en effet strictement à ses conditions d'usage. Le problème pour cette thèse est que le sens de ce type d'énoncés est probablement dérivé, si l'on suit l'hypothèse faite par Ducrot de la « dérivation délocutive »[4]. On peut ainsi soutenir

1. Cette thèse avait déjà été défendue par G. Warnock, « Some Types of Performative Utterances », dans I. Berlin *et alii*, *Essays on J.L. Austin*, Oxford, Oxford UP, 1973, p. 69-89.

2. Voir C. Kerbrat-Orecchioni, *Les actes de langage dans le discours*, Paris, Nathan, 2001, notamment p. 45 où elle rappelle que, d'un point de vue linguistique, le contenu sémantique d'un énoncé joue un rôle *parmi d'autres* dans la réalisation des actes de paroles, sans permettre de déterminer l'usage de l'énoncé. Voir aussi P.F. Strawson, « On Referring », art. cit.

3. Définition donnée par *Le Petit Robert*, 1995.

4. Voir O. Ducrot, « Illocutoire et perfomatif », dans *Dire et ne pas dire*, Paris, Hermann, 1991, p. 301-305.

l'idée que les verbes performatifs (qui explicitent l'acte de parole qu'ils servent généralement à réaliser, tel « féliciter ») ont eu un premier sens (par exemple psychologique ou descriptif), puis qu'ils ont été utilisés dans des formules conventionnelles consistant à réaliser quelque chose, et que, de là, ils ont acquis délocutivement un second sens qui consiste à expliciter l'acte qu'ils servent à accomplir. Ce type d'explication peut valoir, selon Ducrot, pour l'ensemble des verbes explicitant l'action illocutoire qu'ils servent généralement à accomplir.

Un problème plus gênant pour la thèse selon laquelle le sens d'un énoncé explicite ses conditions d'usage est que la plupart des énoncés n'explicitent pas sémantiquement l'acte illocutoire qu'ils accomplissent. Reprenons la promesse : on peut utiliser la formule « je te promets de venir demain », mais tout aussi bien « Je viens demain », pour faire la même promesse, alors même que l'analyse sémantique des deux énoncés n'est pas identique[1]. Autrement dit, la sémantique de l'énoncé ne suffit pas à déterminer l'acte illocutoire qu'il permet de réaliser. Il est d'ailleurs à noter qu'inversement, on peut tout à fait envisager des cas où l'énoncé « Je te promets de venir demain », qui est censé expliciter sémantiquement l'action de promettre qu'il accomplit, n'a pas valeur de promesse ! On peut ainsi trouver des cas où il vaut comme description ou assertion, si par exemple j'explique à quelqu'un ce que je suis en train de faire. C'est ce type de phénomènes

---

1. Sauf à poser de manière *ad hoc* l'hypothèse selon laquelle tous les énoncés qui n'explicitent pas « sémantiquement » leur valeur illocutoire portent celle-ci de manière implicite. Mais c'est recourir à une hypothèse uniquement destinée à soutenir l'idée, elle-même hypothétique, selon laquelle tous les énoncés explicitent sémantiquement leurs usages.

qui conduisait Austin à rejeter l'analyse sémantique de l'acte illocutoire [1] et à en proposer une analyse conventionnaliste.

Searle préfère pour sa part ajouter une analyse intentionnaliste pour rendre compte de ces phénomènes de «décrochages pragmatiques» par rapport à la sémantique d'une expression, en suivant l'explication introduite par Grice pour distinguer le sens littéral d'un énoncé et le sens différent que celui-ci acquiert dans un usage, ainsi que pour expliquer les phénomènes d'implicitation (*implicature*) générés par les usages contextuels des énoncés [2].

2) C'est ce qui motive l'introduction par Searle des intentions de discours, qui viennent préciser ce que le locuteur veut dire ou faire en utilisant la phrase qu'il utilise. L'action serait réalisée par la reconnaissance de l'intention de réaliser cet acte que le locuteur donne à reconnaître à l'interlocuteur à travers son énonciation. Or on peut considérer qu'il est difficile pour une intention d'avoir un effet normatif et qu'il lui est impossible de déterminer la réalisation d'un énoncé comme acte.

a) La saisie d'une intention d'utiliser l'énoncé de telle ou telle manière est censée motiver la manière dont l'interlocuteur va prendre l'énoncé. Cela suppose que l'énoncé exprime clairement l'intention de l'utiliser de telle ou telle manière. Mais est-ce le cas ? Prenons le cas simple, donné par

---

1. Pour une radicalisation de l'idée austinienne que la sémantique d'un énoncé ne détermine pas ses conditions d'application, ni même ses conditions de vérité, voir C. Travis, *Les liaisons ordinaires*, Paris, Vrin, 2003.

2. Les implicitations gricéennes forment l'ensemble des inférences pragmatiques réalisées par un interlocuteur à partir du contenu littéral d'un énoncé, afin de déterminer le contenu non-littéral que le locuteur entend communiquer au moyen de cet énoncé lors d'un usage donné.

Strawson, de l'énoncé « La couche de glace est très mince par ici » – en ôtant les circonstances de son énonciation et en ne précisant pas qu'il est dit à un patineur sur la glace. Dans l'analyse proposée, cet énoncé est censé nous donner à comprendre que j'ai l'intention d'*avertir* mon auditeur. De telle sorte qu'une paraphrase adéquate (qui vaudrait comme *analyse*) de cet énoncé serait : « Je vous communique par la présente phrase mon intention de vous avertir, par la reconnaissance de cette intention portée par cette même phrase, que la couche de glace est mince par ici ».

a') Une première chose à noter est que nous ne connaissons pas les critères de la paraphrase – sinon qu'ils doivent servir à révéler l'intention sous-jacente. Mais on ne nous dit pas *comment* découvrir l'intention sous-jacente. Or, étant donnée la seule sémantique de la phrase, rien n'empêche de comprendre cette phrase *comme voulant dire* plutôt : « Je vous communique par la présente phrase mon intention de vous *indiquer*, par la reconnaissance de cette intention portée par cette phrase, que la couche de glace est très mince par ici » (nous sommes en train de faire un relevé de l'état du lac), ou : « Je vous communique par la présente phrase l'intention de vous *prier*, par la reconnaissance de cette intention portée par cette phrase, de faire en sorte que la couche de glace soit très mince par ici »[1]. Ainsi, une pluralité de paraphrases de la phrase en termes intentionnels est parfaitement admissible, sans qu'on parvienne jamais à être sûr de la véritable intention du locuteur par les seuls moyens linguistiques à notre disposition (notamment parce qu'aucune *règle*, ou convention, ne vient nous dire *comment les prendre*). On ne peut donc jamais découvrir

---

[1]. Si cette analyse est improbable, il faut noter qu'elle n'est pas plus extraordinaire que l'explicitation des paraphrases proposée par Strawson.

l'intention qu'*a posteriori*, sans même être sûr d'avoir correctement interprété la phrase. On ne peut jamais être certain d'avoir interprété correctement l'intention *supposée*.

a'') Une deuxième chose à remarquer, c'est que la paraphrase initiale de l'énoncé original ne conduit absolument pas, dans les mêmes circonstances, à la réalisation d'un acte de parole autre que la *description* – et si l'énoncé original est une description, alors elle ne parvient pas à être la *même* description. La paraphrase (ou l'analyse) proposée n'est ainsi jamais l'équivalent de l'énoncé original. En effet, un énoncé rapportant la présence, ou non, d'un état mental tel qu'une intention, est généralement une description. Si je dis : « Je vous communique par la présente phrase mon intention de vous avertir, par la reconnaissance de cette intention portée par cette même phrase, que la couche de glace est mince par ici », généralement, je me borne à rapporter ce que je fais, et donc à décrire ce que je fais. Je ne fais pas autre chose que décrire (de manière vraie, ou fausse). Certes, je ne décris pas seulement le fait que je vous avertis que la glace est fragile à cet endroit, mais je parle également d'autres éléments, de la présence, ou non, en moi, d'une intention, d'une intention de faire quelque chose – laquelle intention j'avais pour intention de vous communiquer. Mais l'introduction de ces éléments dans ce type de phrase ne la transforme absolument pas en un acte de parole d'un autre type que celui de la description. Décrire un *avertissement*, ce n'est pas *avertir* – c'est précisément *décrire*. Dès lors, l'analyse proposée ne remplit pas son rôle.

b) Si on suppose cependant que la présence d'intentions puisse être communiquée à l'interlocuteur et que cette communication puisse ensuite garantir la transformation d'un énoncé en l'acte de parole visé, comment s'opérerait cette transformation ? Qu'est-ce qui donnerait le pouvoir à l'expression d'intention de transformer un énoncé signifiant en acte de parole ? Le problème, déjà entrevu, est qu'on ne voit pas en quoi le fait de reconnaître une intention peut entraîner la réalisation de quoi que ce soit qui corresponde à un acte ou ses effets, c'est-à-dire à une modification de l'état du monde. À supposer en effet qu'on me donne à reconnaître une intention lorsqu'on me communique un certain nombre de choses, et à supposer que je reconnaisse cette intention comme celle qu'elle est, il n'est pas évident que cela entraîne autre chose que la compréhension de l'intention et, tout au plus, un certain nombre de réactions (perlocutoires, donc aléatoires) de ma part à cette intention.

Si, par exemple, on me donne à comprendre, par l'énoncé « Je t'ordonne de ranger ta chambre », que l'intention exprimée par cet énoncé est de me donner un ordre, l'ordre de ranger ma chambre, si telle est bien l'intention du locuteur, et si je la reconnais bien comme étant l'intention de me donner un ordre, alors j'ai bien compris qu'on avait *l'intention de me donner un ordre*, j'ai peut-être même bien compris qu'on avait l'intention de me donner un ordre par cet énoncé – mais je n'ai certainement aucune *raison contraignante* de prendre cette déclaration d'intention comme une transformation de l'énoncé en un acte de parole déterminé (de l'ordre, suppose-t-on) et comme déterminant le locuteur à avoir fait un tel acte, ni comme m'obligeant à faire quoi que ce soit. En effet, rien ne m'oblige à considérer qu'un ordre a été fait. Pourquoi ? Parce que la simple intention, aussi reconnue ou comprise soit-elle, n'a pas de pouvoir contraignant sur l'interlocuteur. Elle ne règle pas son comportement, ni ses actions. Non pas qu'elle ne puisse pas produire chez l'interlocuteur un certain nombre de réactions (ayant compris que vous aviez l'intention de m'ordonner de ranger ma chambre, je peux m'offusquer, me cacher, partir à

l'étranger, me mettre en colère, quitter la maison, etc.), mais
elle ne le peut que sur le mode de la cause à l'effet qui caractérise l'acte perlocutoire, et non pas selon la normativité interne
qui caractérise l'acte illocutoire.

*Il n'y a en fait pas de conséquence déterminée qui dérive
d'une intention donnée, parce qu'il n'y a pas de norme à
respecter qu'elle impose par sa seule présence.* Autrement dit,
proposer une explication intentionnaliste de l'efficacité de la
parole, c'est réduire l'ensemble de ses effets aux effets perlocutoires, par définition aléatoires, et oublier les effets illocutoires qui sont pourtant le propre de l'efficacité des actes de
parole [1]. Par conséquent, la présence d'intentions ne permet
pas d'expliquer comment un énoncé peut être utilisé pour
réaliser une action au sens illocutoire du terme.

Il faut alors bien poser, dans une veine humienne qui est
celle d'Austin, un niveau supplémentaire, celui des conventions qui viennent imposer une définition normative de l'action
réalisée et spécifier ce qui est ainsi réalisé en donnant un cadre,
des conditions, à la reconnaissance qui doit être accordée. Nous
allons par ailleurs voir que seul l'appel au caractère conventionnel, voire social, de l'acte réalisé permet d'expliquer les
effets – conventionnels – de l'acte de parole et leur « réalité ».

CE QUE L'ACTE DE PAROLE FAIT
LA QUESTION DES EFFETS ET DE LEUR OBTENTION

Nous avons essayé de montrer qu'il n'y avait d'acte de
parole qu'à supposer l'existence de conventions (implicites ou

---

1. Sur ce point décisif, voir M. Sbisà, « Speech Acts Without
Propositions ? », *Grazer Philosophische Studien*, *Propositions : Semantic and
Ontological Issues*, vol. 72, 2006, p. 162-163.

explicites) qui venaient déterminer quel acte était accompli au moyen d'un énoncé donné, en contrôlant la façon dont une reconnaissance lui était accordée. Souvenons-nous toutefois qu'il n'y a d'acte que si celui-ci produit des *effets*. De quels effets parle-t-on lorsqu'il est question d'acte de parole ?

La création des effets illocutoires dans l'interaction : le problème des réalités déontiques

Nous avons exclu par définition les effets perlocutoires (naturels) et cherchons uniquement à caractériser ces effets qui adviennent en raison de la définition conventionnelle de l'acte de parole : les effets proprement illocutoires. Si nous reprenons le cas de la promesse, nous observons que, lorsque l'acte de parole promissif réussit, une promesse est créée.

Une première idée est de considérer qu'une nouvelle réalité est par là introduite dans le monde : une promesse, qui aurait un mode d'existence propre. Quel type d'existence ? Celui qui serait le propre des objets « juridiques ». Ducrot remarque en effet que « la valeur illocutoire de l'énoncé constitue [...] une caractérisation juridique de l'énonciation, une prétention affichée à lui donner tel ou pouvoir »[1], en observant que tout acte illocutoire oblige les interlocuteurs à certaines choses. Tout le problème est alors de qualifier le *mode d'objectivité* des « réalités juridiques » que sont les obligations, les lois, les promesses, etc., ainsi mises au jour par les actes de parole.

La proposition faite par Reinach est de considérer que ces réalités forment un domaine ontologique objectif propre, qui intervient au sein d'une interaction sociale : elles existent en

---

1. O. Ducrot, *Dire et ne pas dire*, *op. cit.*, p. 292.

tant qu'*entités* d'un type particulier. Si on revient par exemple à l'acte de parole de la promesse, il faut déjà le comprendre comme un acte «extérieur», en ce sens que l'acte de promettre, pour effectuer vraiment une promesse, doit intervenir au sein de la réalité mondaine, c'est-à-dire s'extérioriser (la promesse doit être faite au moyen d'un énoncé), et doit par ce moyen gagner une véritable *objectivité* en prenant effet. Reprenant l'idée déjà rencontrée qu'«il est [...] certain que la simple intention de faire quelque chose n'induit pas un tel effet», et que «cette inclination psychologique n'est certainement pas une obligation objective»[1], il s'agit d'abord de considérer que la promesse est un acte au sens où elle intervient dans le monde, y prend place au moins comme réalité linguistique.

Or cette extériorité est elle-même due au fait que la promesse doit nécessairement être *comprise*, saisie ou reconnue dans son effectivité. Quelqu'un qui promet quelque chose s'engage par là vis-à-vis de la personne à qui elle s'adresse : si je promets de faire une chose, je suis engagé vis-à-vis d'une certaine personne (la personne à qui j'ai promis). Mais, pour que cet engagement ait lieu, il faut nécessairement qu'intervienne dans l'échange une compréhension préalable par cette personne du fait que j'ai promis et que je *lui* ai promis quelque chose; alors seulement la promesse advient, au sens où elle prend effet, c'est-à-dire qu'elle devient engageante vis-à-vis de quelqu'un. Mais une *simple* compréhension de l'énoncé ne suffit pas à faire que la promesse soit une promesse; il faut encore que l'interlocuteur appréhende la promesse comme promesse à *son* égard, qu'il se comprenne concerné par elle, pourrait-on dire, qu'il s'en re-saisisse, pour que l'énoncé

---

1. A. Reinach, *Les fondements a priori du droit civil, op. cit.*, p. 57.

effectué soit une promesse, au sens engageant du terme. Il faut donc précisément que la promesse soit *dirigée* vers quelqu'un d'autre qui l'appréhende comme promesse vis-à-vis de lui-même et, en quelque sorte, la reprenne à son compte.

L'interlocuteur ne doit en fait pas rester objet de l'énonciation mais en devenir également *sujet* en reprenant à son compte l'acte que le locuteur entend effectuer par le langage : la promesse reste inachevée en son être et en tant qu'acte aussi longtemps qu'elle n'est pas re-saisie par l'interlocuteur vis-à-vis de qui elle est une promesse. L'occurrence de l'acte coïncide donc (mais ne se confond pas) avec la fin de la saisie réciproque. Une promesse apparaît ainsi comme une réalité proprement *relationnelle* et l'acte de promettre comme un acte *social*.

Or l'appréhension par l'autre de la promesse *engendre* des droits et obligations : par ma promesse, j'ai obligation de faire une certaine chose et la personne à qui j'ai promis est légitimée à me demander de tenir ma promesse, c'est-à-dire à faire ce que j'ai dit que je ferai. Si une des caractéristiques majeures de la promesse est qu'elle fait naître ces obligations et ces devoirs, c'est précisément que le lien inter-subjectif (ou « social ») de l'acte de promettre est un lien quasi-juridique, en ce qu'il me lie à l'interlocuteur via des devoirs nouveaux qui lui sont dus et dont seul il peut me défaire. Le fait d'avoir promis me lie non seulement à mon interlocuteur parce que cet acte n'est réalisé que s'il est saisi par lui, mais aussi parce que dès lors que cette saisie est accomplie, j'entre dans un état de quasi-dépendance vis-à-vis de l'interlocuteur, à qui je dois la réalisation de la promesse. L'exécution de la promesse *crée* ainsi véritablement des droits et des devoirs.

Or le lien d'obligation ainsi créé «apparaît comme la *conséquence*, et aussi bien comme le produit de la promesse »[1]. Cet acte particulier qu'est la promesse crée donc une réalité inédite qui a la forme d'un nouvel « état » : l'état de la promesse que constitue l'ensemble des engagements qui s'ensuivent de l'acte de promettre. Suite à une promesse, naissent notamment une prétention (de celui vis-à-vis duquel on est engagé) et une obligation (de celui qui s'est engagé vis-à-vis de son interlocuteur). Ces «prétentions» et «obligations» forment alors des états du monde, des «objets» déontiques[2]. Autrement dit, l'intervention de l'acte de promettre au sein de la réalité mondaine modifie la réalité et notamment les obligations présentes au sein de cette réalité en y introduisant un nouvel état. Dès lors, la promesse (comme résultat de l'acte de promettre) se caractérise bien comme *réalité déontique* : la réalisation d'une promesse change le monde en ce qu'elle y introduit de nouveaux droits et devoirs en intervenant sur les composantes déontiques de cette réalité (que ce soit par la création de nouvelles composantes déontiques ou par l'annulation d'anciennes).

Pour expliquer cette force contraignante de la promesse qui tient à la réalité déontique qu'elle déploie, Reinach avance l'idée que les états créés par la promesse sont eux-mêmes nécessaires, car elle est déterminée par une structure *essen-*

---

1. *Ibid.*, p. 47.
2. Il est à noter que, selon Reinach, il ne peut pas s'agir de réalités psychiques ou mentales, car elles n'auraient pas l'objectivité suffisante, contrairement à ce que pourrait admettre Searle. Voir J.R. Searle, *The Construction of Social Reality*, 2e ed. London, Penguin Books, 1996; trad. fr. C. Tiercelin, *La construction de la réalité sociale*, Paris, Gallimard, 1998. Voir B. Ambroise, « Le problème de l'ontologie des actes sociaux : Searle héritier de Reinach? », *Les études philosophiques*, 2005/1, p. 55-71.

tielle, qui en règle *a priori* la logique. En effet, les actes de parole ne sont réalisés que selon certaines conditions spécifiques et nécessaires ; dès lors que certaines actions sont réalisées dans certaines circonstances définies par ces conditions, alors c'est une *nécessité* que certains états adviennent. Bien qu'il soit contingent que certains actes soient réalisés, il apparaît nécessaire que s'ensuivent d'eux certaines réalisations d'états ; certaines relations de dépendance s'ensuivent ainsi nécessairement : si on promet, alors on se trouve nécessairement dans un état d'engagement (c'est la caractéristique propre de la promesse).

Il faut noter ici la différence entre états et actes : l'acte de promettre n'est pas l'état de promesse. Le premier est un acte de parole ; le second est un état fondé sur le premier, en ce que le premier le génère nécessairement en fonction de certaines structures essentielles *a priori* (« l'essence formelle » de la promesse). Si ces états ne peuvent advenir que tant qu'ils sont réalisés par la communauté de parole dans laquelle ils sont advenus, ils conservent à la fois une relative indépendance vis-à-vis de cette communauté et une « autorité » sur cette communauté, puisqu'ils s'imposent d'une certaine façon à elle dès lors qu'elle veut réaliser certains actes. Elle ne peut en effet faire autrement que de se conformer à l'essence de la promesse pour promettre. Les états créés sont donc de véritables *résultats nécessaires* qui forment autant d'entités ayant une pleine objectivité.

La nécessité déontique est ainsi une nécessité ontologique qui s'applique à des actes (en tant que tels évanescents) et aux états subséquents que sont les obligations et les droits. Les formes quasi-platoniciennes que sont les essences des actes sociaux déterminent des réalisations (au sens actif) et leurs conséquences normatives. Autrement dit, l'objectivité de la promesse, en tant que l'acte de promettre est déterminé par une structure *a priori* qui dicte ce qui advient nécessairement de la promesse, lui vient d'une autre réalité qu'elle-même, et non pas des participants de l'échange discursif. L'objectivité et les conséquences normatives de la promesse, et des actes de parole en général, s'imposent plutôt à eux.

L'acte de promettre reflète ainsi, selon Reinach, une structure *a priori* – une essence – qui impose ses détermi-nations et qui lui confère son statut de forte objectivité. L'objet promesse n'est rien d'autre, en quelque sorte, que la structure objective et *a priori* qui règle les réalisations de promesse. L'objectivité forte de la promesse, à laquelle pouvait attenter son écartèlement entre l'acte et l'état correspondant, est en fait garantie par une instance supérieure, cette loi essentielle qui règle toute advenue de promesse. Bref, c'est une doublure *a priori* des actes sociaux, leur « ontologie formelle », qui garantit à la fois leur efficacité et leur nécessité et qui explique que la parole réalise des choses.

Contingence des interactions discursives et relations interpersonnelles d'obligation et d'autorisation

Le problème de l'explication précédente tient à sa nécessaire prétention à *l'universalité* et la *nécessité*. S'il était vrai qu'il existe une structure formelle déterminant *a priori* tous les actes de parole ainsi que leur efficacité, qui s'impo-serait en quelque sorte « de l'extérieur » aux hommes qui les font, alors 1) d'une part les actes de parole seraient univer-sellement définis de manière équivalente et, 2) d'autre part, personne ne pourrait remettre en cause ou amoindrir leur validité et leur efficacité. Or ces deux points peuvent être contestés.

1) Une position ontologique forte comme celle de Reinach, tout comme, il faut le remarquer, les tentatives de formalisations *a priori* des actes de parole [1], posent que ceux-ci reposent sur des structures nécessaires et suffisantes qui les définissent de manière stricte. Que ces structures reposent sur une structure essentielle *a priori* ou sur des règles sémantiques et syntaxiques ne modifie rien à la prétention à l'universalité de ces modèles. Or des recherches anthropologiques [2] montrent, par exemple, que les habitants des îles Tonga (en Polynésie) ne connaissent pas le concept de promesse (ni la pratique et l'acte de parole correspondants) : ils ont à leur dispositions d'autres formes d'engagements (à travers certains actes de parole), notamment la déclaration d'intention, et même le contrat de forme juridique, mais pas la promesse en tant qu'engagement personnel à réaliser ce qui est promis. Ils ne connaissent donc pas non plus cette forme d'engagement spécifique. On peut en conclure que les habitants des îles Tonga n'ont pas *l'institution* de la promesse et l'acte de parole correspondant. De la même façon, les Eipo de Nouvelle-Guinée ne connaissent pas la pratique linguistique du remerciement ; et certains peuples de langue africaine qui semblent avoir une pratique similaire (wobé et odié de Côte d'Ivoire, éwé du Ghana, etc.) peuvent utiliser la même formule à des fins illocutoires tout à fait différentes [3]. Il semble donc y avoir

1. Voir notamment J.R. Searle et D. Vanderveken, *Foundations of Illocutionary Logic*, Cambridge (Mass.), Cambridge UP, 1985 ; les différents actes de parole y sont dits correspondre à « des espèces conceptuelles naturelles ».

2. Voir F. Korn et S.R. Dektor Korn, « Where People Don't Promise », *Ethics*, vol. 93, n°3, 1983, p. 445-450.

3. Voir C. Kerbrat-Orecchioni, *Les actes de langage dans le discours*, *op. cit.*, p. 168-187.

une relativité culturelle de la réalisation de certains actes de parole.

On pourrait cependant admettre que l'ignorance d'une pratique ne prouve pas son caractère conventionnel et contingent (ou non-universel). C'est pourquoi il convient d'ajouter que les observations de linguistique comparée permettent de comprendre que les actes de parole ne sont pas « découpés » ni « conçus » de la même façon selon les différentes cultures où on les rencontre – c'est-à-dire qu'ils ne fonctionnent pas selon les mêmes règles (les mêmes conditions de félicités ou les mêmes règles constitutives). Ce serait ainsi absurde [1] de vouloir trouver des « questions en esquimau », des « ordres en zoulou » ou des « insultes en *Black English* », car ces actes ne correspondent pas aux règles qui les définissent en anglais ou en français, c'est-à-dire dans nos sociétés occidentales [2]. Cela tient probablement au fait que les règles qui définissent les actes de parole ne sont pas *a priori*, ni seulement sémantiques, mais également culturelles et sociales, et définissent, en ce sens, de véritables *rituels*. Autrement dit, il est plus réaliste d'admettre que chaque société ou chaque culture, à chaque époque de son histoire, définit, invente ou abandonne des actes de parole, selon les pratiques et les idées qu'elle valorise [3].

2) L'idée que les structures des actes de parole sont telles qu'elles définissent une efficacité nécessaire, qui s'impose aux participants de l'échange discursif, doit également être

---

1. Et faire preuve d'un ethnocentrisme typique de la position intellectualiste.

2. Voir A. Wierzbicka, *Cross-Cultural Pragmatics. The Semantics of Human Interaction*, Berlin-New York, Walter De Gruyter, 1991.

3. Est à ce titre particulièrement importante la question de la politesse et de son histoire. Voir R.J. Watts, *Politeness*, Cambridge (Mass.), Cambridge UP, 2003.

remise en cause. Dès lors qu'on admet que la définition d'un acte de parole fait intervenir la reconnaissance de l'interlocuteur, on comprend que celui-ci acquiert une importance fondamentale dans son effectivité. Pour le rappeler, un acte de parole ne prend effet que si l'interlocuteur admet que le locuteur utilise à bon droit un certain énoncé pour accomplir un certain acte. Ainsi, je ne réussis à promettre quelque chose que si la personne à qui je promets admet que je lui ai promis quelque chose et considère qu'il y a là une promesse. En ce sens, l'acte de parole est intrinsèquement social, relationnel, ou s'avère être une « activité conjointe[1] ». L'acte illocutoire est alors considéré comme étant construit conjointement par les locuteurs et interlocuteurs. Dès lors, la possibilité existe toujours que l'interlocuteur ne reconnaisse pas la légitimité du locuteur à utiliser tel énoncé pour faire tel acte et que l'énoncé échoue en ne prenant pas effet. Certes, la reconnaissance accordée est souvent implicite et va sans dire dans la plupart des échanges conversationnels – mais il arrive parfois qu'elle soit refusée et que, dans ce cas, l'acte prétendu rate, en ce sens qu'il ne parvient pas à entraîner les effets attendus[2]. C'est évident dans le cas des excuses, où les excuses peuvent être refusées et ne pas prendre effet[3], mais aussi dans tous les cas où on refuse à quelqu'un la prétention à dire quelque chose. Un exemple en est donné par Molière dans *L'avare* :

---

1. Pour reprendre les termes de Denis Vernant dans *Du discours à l'action*, *op. cit.*

2. Il peut naturellement entraîner d'autres effets s'il rate, mais pas ceux qui lui auraient permis de se qualifier comme l'acte qu'il prétendait être.

3. Voir Kerbrat-Orrechioni, *Les actes de langage dans le discours*, *op. cit.*, p. 133.

HARPAGON — Je te défends de me jamais voir.

CLÉANTE — À la bonne heure.

HARPAGON — Je t'abandonne.

CLÉANTE — Abandonnez.

HARPAGON — Je te renonce pour mon fils.

CLÉANTE — Soit.

HARPAGON — Je te déshérite.

CLÉANTE — Tout ce que vous voudrez.

HARPAGON — Je te donne ma malédiction.

CLÉANTE — Je n'ai que faire de vos dons[1].

Dans ce dialogue, Molière met en scène cinq énonciations qui peuvent correspondre à autant d'actes de parole : une interdiction, une déclaration, un déni de paternité, un refus d'héritage et une malédiction. Or tout le caractère comique de l'échange tient à ce que ces cinq actes échouent en raison de l'ironie qu'ils obtiennent en réaction : ils ne sont pas reconnus comme tels par l'interlocuteur (Cléante) et sont dès lors voués à l'échec.

Cet exemple illustre l'idée que l'acte illocutoire n'est pas un donné préalable de l'échange discursif à partir duquel ce dernier s'élabore, mais que l'acte se construit et se stabilise à travers des interactions situées, et que c'est toujours dans l'interlocution que se décide finalement la détermination du caractère actif de l'énoncé : celui-ci est « négocié » entre le locuteur et l'interlocuteur (ou l'ensemble des interlocuteurs potentiels), en fonction des conventions définitionnelles, mais également du contexte, des personnalités de chacun, des attentes contextuelles, des objectifs, etc.[2]. Un acte de parole

---

1. Molière, *L'avare*, IV-v.

2. Voir C. Kerbrat-Orrechioni, *Les actes de langage dans le discours*, *op. cit.*, p. 54.

n'est alors que le « résultat », relativement aléatoire, d'un échange discursif au sein duquel le locuteur doit parvenir à faire reconnaître par l'interlocuteur sa légitimité à utiliser sa parole pour faire telle ou telle chose et donc entraîner telle ou telle conséquence (étant données les conventions définitionnelles).

Or une telle analyse interactionnelle de l'effectivité de l'acte de parole permet tout à fait de comprendre comment se créent les effets propres des actes de parole que sont les devoirs et les obligations, qui correspondent à leur réussite, sans faire intervenir, comme le fait Reinach, un domaine ontologique supplémentaire. Si, en effet, pour obtenir son effectivité, un acte demande la reconnaissance d'un interlocuteur, qui vient en quelque sorte valider la prétention du locuteur à utiliser cet énoncé pour faire un acte, alors le locuteur se trouve immédiatement *l'obligé* de l'interlocuteur, par la grâce duquel son acte advient, et se trouve par là engagé à répondre de son acte, c'est-à-dire à se comporter de telle manière qu'il rende des comptes de l'acte qu'on lui a permis de faire. On peut ainsi reprendre l'analyse reinachienne des obligations générées dans l'interaction interpersonnelle sans nécessairement les doter d'un caractère ontologique fort et considérer qu'elles sont des produits dotés d'une existence propre. On peut tout à fait admettre que le propre des actes de parole est d'avoir pour effet des modifications de type juridique dans le monde, c'est-à-dire des devoirs et des obligations nouvelles, sans faire de celles-ci autre chose que des *modalités relationnelles entre les agents engagés dans l'interaction discursive*.

Il s'agit ainsi de considérer que les droits et obligations nouveaux qui sont le type « d'états » créés par les actes de parole n'existent qu'en tant que, dans une relation d'interlocution donnant lieu à un acte de parole, le locuteur s'engage vis-à-vis de l'interlocuteur à faire ce qui est demandé par la définition conventionnelle de l'acte de parole réalisé. L'état créé se ramène alors à une modification de la relation entre le locuteur et l'interlocuteur, qui prend une modalité déontique particulière. Ainsi, si je fais une promesse, je m'engage à l'égard de la personne à qui je m'adresse à tenir ma promesse, c'est-à-dire à faire, sauf circonstances atténuantes, ce que j'ai promis de faire. Or cette dimension d'engagement est générale et se retrouve dans tous les actes de parole. Ainsi, même une assertion réussie crée un état spécifique d'engagement : l'engagement à dire ce qui est, ou à dire vrai. Si j'affirme par exemple que le ciel est bleu, je suis engagé vis-à-vis de mon auditoire (potentiel) à dire ce qui est, c'est-à-dire le cas échéant à me justifier, à apporter des preuves de ce que j'avance, etc. [1]. En tout cas, mes interlocuteurs potentiels sont fondés à me demander des comptes, aussi bien lorsque je fais une assertion que lorsque je fais une promesse, car j'ai créé, par leur réalisation, un état spécifique d'engagement à leurs égards – et j'ai par là changé l'état du monde, c'est-à-dire plus spécifiquement *l'état de la situation interactionnelle*.

Il est possible de représenter l'état ainsi créé au moyen de prédicats d'attitude propositionnelle ou de modalités tels que « peut », « doit », « sait », « croit », etc., attribués à chaque participant de l'échange, pour expliciter le type d'engagement (promissif, épistémique, expressif, etc.) ainsi créé et formuler une tentative de classification des actes de parole qui rejoint celles proposées par Austin, puis Searle. On peut ainsi considérer :

---

1. Sur l'acte d'assertion comme prétention à la connaissance, voir K. DeRose, « Assertion, Knowledge, and Context », *Philosophical Review*, 111, 2002, p. 167-203. Voir aussi R. Brandom, « Assertion », *Noûs*, 17/4, 1983, p. 637-650.

a) qu'un acte de parole du type « exercitif », qui consiste à exercer un certain pouvoir ou une certaine influence à travers des décisions et des verdicts, comme par exemple un ordre (« Va ranger ta chambre ! »), crée une relation dans laquelle le locuteur « peut » faire de nouvelles choses et l'interlocuteur « doit » en faire d'autres. Par exemple, si je t'ordonne de ranger ta chambre, tu « dois » alors le faire et/parce que je « peux » alors attendre que tu le fasses.

b) On considérera que l'acte de parole de type « commissif », qui consiste à engager le locuteur à faire un certain nombre de choses, telle une promesse (« Je promets de me coucher tôt ce soir »), crée une relation dans laquelle le locuteur « peut » et « doit » faire quelque chose de nouveau et l'interlocuteur « peut » attendre du locuteur qu'il le fasse. Ainsi, si je promets de me coucher tôt, non seulement « puis-je » le faire, mais je « dois » également le faire car l'interlocuteur « peut » alors légitimement attendre que je le fasse.

c) On dira ensuite que l'acte de parole de type « verdictif », qui consiste à produire des résultats, officiels ou pas, fondés sur des preuves ou des raisons, tel par exemple un verdict (« L'accusé est jugé coupable »), crée une situation dans laquelle le locuteur « sait » des choses et par conséquent « peut » des choses, et l'interlocuteur « doit » alors faire des choses. Si le juge déclare l'accusé coupable, c'est parce qu'il « sait » des choses en fonction desquelles il « peut » l'envoyer en prison et l'accusé « doit » y aller, ou purger une peine. Une analyse similaire peut être fournie pour les assertions, à cette différence que c'est là le locuteur qui « doit » également fournir des preuves de ce qu'il avance.

d) Enfin, l'acte de parole de type « comportatif », qui consiste à réagir de certaines manières à certains événements et actions, comme par exemple l'excuse (« Je suis désolé ! »), pourra créer une situation dans laquelle le locuteur « doit » faire quelque chose parce que le locuteur le « sait ». Si par exemple, je m'excuse de rentrer tard, je « dois » par la suite faire en sorte de ne pas rentrer aussi tard, parce que mon interlocuteur a considéré (« sait ») que je m'excusais de rentrer tard. Il convient de remarquer ici que l'engagement ne dérive nullement d'un appel à une « réalité mentale » telle qu'une intention, mais seulement de l'interaction discursive à travers laquelle l'acte de parole prend effet [1].

Les effets ainsi créés dépendent strictement de la situation d'interaction, c'est-à-dire en dernière instance des conditions de félicité qui déterminent quel type d'acte de parole peut être réalisé dans tel type de situation. Dès lors, on comprend bien qu'un énoncé donné peut servir à réaliser tel ou tel type d'acte de parole, selon la situation d'énonciation dans laquelle il est utilisé et relativement à la négociation qui s'y produit entre le locuteur et l'interlocuteur pour faire advenir tel ou tel état, c'est-à-dire tel ensemble de droits et obligations. On comprend aussi que les types d'actes de parole ont des frontières mouvantes, puisque les droits et devoirs correspondants aux différents types sont toujours le résultat d'une négociation au cours de l'interaction, qui peut admettre des variations, en fonction de la réalisation, ou non, des conditions de félicité [2]. C'est redire que les types n'ont rien de naturels et reflètent

1. Sur le détail de ces questions, voir M. Sbisà, « On Illocutionary Types », *Journal of Pragmatics*, 8, 1984, p. 93-112. Voir aussi M. Sbisà, *Linguaggio, ragione, interazione. Per una teoria pragmatica degli atti linguistici*, Bologna, Il Mulino, 1989.

2. D'où les interrogations d'Austin sur la question de savoir si, par exemple, on « peut » baptiser un pingouin ; lesquelles ont réellement eu lieu dans l'histoire de la scolastique. Voir les analyses d'I. Rosier-Catach, *La parole efficace*, *op. cit.*

simplement l'état d'une situation interactionnelle particulière, corrélée aux définitions particulières (les conditions de félicités) qui régissent les actes de parole à ce moment de leur histoire. Dès lors, leur caractérisation déontique elle-même peut varier au cours de l'histoire et en fonction de la société dans laquelle ils sont réalisés. Ceci explique que la « promesse » n'engendre pas les mêmes droits et obligations dans notre société et dans la société wobé de la Côte d'Ivoire, par exemple, et, conceptuellement, cela permet de penser d'autres types d'actes de parole, inédits, qui seraient formés en fonction d'une combinaison nouvelle de droits et de devoirs [1].

Ces états de droits et d'obligations créés par les actes de parole, qui n'ont pas d'existence indépendante de la relation d'interaction et des conventions qui les établissent, permettent bien de comprendre ces derniers en un sens « fort » de l'action : ils nous permettent de reconnaître que, par le pouvoir de la parole, nous entretenons des relations spécifiques avec nos interlocuteurs, faisons et défaisons des liens sociaux, établissons et modifions les relations interpersonnelles en assignant ou effaçant des droits, des obligations, des engagements, et pouvons même constituer un nouvel état du monde d'un type institutionnel. En ce sens, le langage contribue à créer un domaine (celui des normes, des droits, des devoirs, etc.) qui s'avère culturel et non pas simplement naturel – ce qui explique en retour que l'efficacité illocutoire, comme nous l'avions

---

1. Ceci explique pourquoi on peut tout à fait concevoir une *insulte* réalisée au moyen d'un acte illocutoire (où l'interlocuteur aurait le *devoir* de se sentir insulté et le locuteur *saurait* qu'il l'a blessé), sans que celui-ci existe dans nos sociétés : il n'y a pas, en effet, de conventions permettant de définir ce qu'est la réalisation d'une insulte. Sa caractérisation dépend là de la psychologie de l'interlocuteur ; à ce titre il ressortit plutôt au domaine du perlocutoire (voir les débats autour du « *free speech* » et du « *hate speech* » aux États-Unis).

noté, n'est pas une efficacité naturelle mais pleinement conventionnelle[1].

Efficacité discursive et autorité

Il ne faudrait toutefois pas céder à l'illusion intellectualiste et considérer que quiconque est susceptible de réaliser un acte de parole dès lors qu'il obtient la reconnaissance de son inter-locuteur dans une interaction ; plus exactement, il ne faudrait pas croire que quiconque peut obtenir cette reconnaissance de la part de l'interlocuteur. Cette reconnaissance exigée par l'acte de parole pour prendre effet peut se comprendre comme la nécessité, pour lui, d'être « autorisé ». Seul l'acte autorisé peut être admis. Cette caractéristique figurait déjà dans les conditions de félicités austiniennes. Or elle n'est pas anodine si l'on accepte une définition conventionnelle des actes de parole. Car cette définition conventionnelle des actes de parole prend alors un caractère social qui détermine la possibilité de les exécuter.

Si, en effet, un acte de parole donné ne gagne son efficacité qu'à être reconnu, au cours d'une négociation, comme l'acte de parole qu'il prétend être, étant donné son respect d'une certaine procédure socialement *sanctionnée*, il s'ensuit que le locuteur doit parvenir à *faire reconnaître* que son énoncé respecte cette procédure : le locuteur doit ainsi parvenir à gagner une *voix* (ou une autorité) dans le jeu interactionnel qui est toujours un jeu social. Or se profile ici une sérieuse menace visant la communication entre locuteurs et l'efficacité des paroles respectives, dès lors qu'on admet un positionnement différentiel des locuteurs dans le monde social, ou ne serait-ce

---

1. Voir M. Sbisà, « Speech Acts Without Propositions ? », art. cit., p. 161.

qu'une connaissance moindre, par certains, des procédures linguistiques et extra-linguistiques à respecter pour se faire entendre. Comme le dit J. Hornsby, on peut poser que « la possibilité existe que les relations de pouvoir et d'autorité, qui différencient les locuteurs, affecteront les actes de parole qu'ils seront susceptibles d'accomplir »[1].

Une inégalité peut ainsi s'inscrire dans les fondements de la relation linguistique et saper son fonctionnement normalement fondé sur la réciprocité (idéalement[2]) supposée – ce qui affecte les modalités de la reconnaissance et, en retour, les actes illocutoires. Au moins deux conséquences indissolublement linguistiques et pratiques peuvent s'ensuivre : 1) quant à la reconnaissance de l'acte exécuté ; 2) quant à l'autorisation d'exécuter l'acte – sachant que ces deux aspects sont inextricablement mêlés : un acte ne sera pas reconnu comme pleinement exécuté si on ne reconnaît pas au locuteur le droit de le faire.

Prenons un cas paradigmatique :

> […] sur une île déserte, vous pouvez me dire : « Allez ramasser du bois » ; et je puis vous répondre : « Je n'ai pas d'ordre à recevoir de vous », ou « Vous n'avez pas qualité pour me donner des ordres ». Je n'accepte pas d'ordre de vous quand vous essayez d'imposer votre autorité sur une île déserte (une autorité que je peux reconnaître, certes, mais seulement si je le veux bien) ; et

---

1. J. Hornsby, « Feminism in Philosophy of Language », dans M. Fricker et J. Hornsby, *The Cambridge Companion to Feminism in Philosophy*, Cambridge (Mass.), Cambridge UP, 2000, p. 97.

2. L'idée d'une égalité des locuteurs dans tout échange linguistique est généralement présupposée par la pragmatique linguistique et trouve son accomplissement dans la théorie pragmatique de l'action communicationnelle proposée par Habermas. Voir notamment « What Is Universal Pragmatics ? » (1976), dans J. Habermas, *On the Pragmatics of Communication*, M. Cooke (ed.), Cambridge, Polity Press, 2002, p. 1-20.

cela contrairement au cas où vous êtes le capitaine du bateau et possédez de ce fait une autorité authentique. (*HTD*, p. 28/59)

On a souvent eu tendance à considérer que le *pouvoir* d'imposition de l'ordre relevait de l'action propre de l'acte de parole consistant à ordonner – auquel on aurait la liberté d'obéir ou pas – comme si le pouvoir était un effet direct de l'acte de parole réalisé. Ce faisant, on oblitérait précisément le fait que cette action n'a lieu que parce qu'elle obtient une reconnaissance de la part de l'interlocuteur – de l'ordonné – et qu'elle n'a d'efficace que parce que le locuteur a alors le pouvoir de faire reconnaître son énoncé comme un acte ordonnant de faire telle chose. Autrement dit, l'*acte de parole qu'est l'ordre ne vaut comme ordre que si le locuteur est en position d'autorité pour imposer son acte de parole et modifier de cette façon la relation d'interaction*. Ainsi, la reconnaissance demandée pour que l'acte de parole exécuté réussisse est en même temps reconnaissance de l'autorité du locuteur à exécuter cet acte de parole donné et ne se situe pas seulement sur un plan linguistique. Par conséquent, il n'y a pas d'égalité dans la réussite de ce type d'acte de parole qu'est l'ordre, car quiconque ne peut pas réussir à faire accepter qu'il donne un ordre (le non-gradé vis-à-vis du colonel, mais aussi quiconque, comme le montre par l'absurde l'exemple d'Austin, dès lors que tout ordre social est aboli).

On niera pourtant généralement que tous les types d'énoncés nécessitent que leur locuteur possède un certain pouvoir social, en avançant le cas des assertions qui n'auraient besoin pour réussir qu'à rapporter ce qui est. Or toute la force de la théorie de l'efficacité linguistique qui la fait reposer sur la reconnaissance est de montrer que tel n'est précisément pas le cas. Tout le monde n'est pas fondé à faire n'importe quel type d'énoncé, et moins encore à faire des assertions comme il l'entend. Encore faut-il réunir les conditions de félicité adéquates, par exemple occuper une position permettant d'affirmer des choses sur le monde. Cette position s'acquiert généralement, dans les domaines où la connaissance prévaut, en réunissant un certain nombre de justifications – mais pas toujours. Comme l'ont montré les divers travaux de P. Bourdieu sur le champ scientifique et politique[1], ainsi que M. Détienne dans *Les maîtres de vérité dans la Grèce archaïque*, seules des personnes autorisées (pour diverses raisons) sont reconnues comme pouvant énoncer des propositions vraies – ou dont on ne doutera pas. (Pensons également au statut de « témoins ». Tout le monde n'en dispose pas. Il faut faire preuve d'une certaine probité, ne pas avoir eu d'ennuis avec la justice, être « moral », décent, considéré comme majeur, etc.) Comme le rappelle Détienne, dans la Grèce archaïque, « la "Vérité" [...] qualifie le plus souvent, sur les différents plans où elle s'atteste, un type de parole déterminé, prononcé dans certaines conditions, par un personnage investi de fonctions précises. [...] Maître de "vérité", le roi de justice est pourvu du même privilège d'efficacité : ses dits de justice, ses *thémistes* sont en effet des espèces d'oracles »[2].

En étudiant comment la parole vérace s'est laïcisée au cours de l'histoire du champ scientifique, Détienne rappelle combien l'énonciation de la vérité elle-même est soumise à tout un rituel que seules les personnes autorisées (« qualifiées ») ont la capacité d'initier et de faire appliquer (ce sont les scientifiques, les universitaires, les « experts », ou à un degré moindre, celui qui a plus d'expérience, etc.). Il est donc en fait

1. Voir P. Bourdieu, *Langage et pouvoir symbolique*, Paris, Seuil, 2001.

2. M. Détienne, *Les maîtres de vérité dans la Grèce archaïque*, Paris, Pocket, 2ᵉ éd. 1994, p. 97-103.

illusoire de croire que tout un chacun est égal à l'autre quand il veut dire ce qui est, rapporter des faits, faire une assertion : ses prétentions seront plus ou moins reconnues selon la position épistémique et indistinctement sociale qu'il occupe. Il est certes probable que l'autorisation de faire ce type d'acte de parole s'est généralisée avec sa laïcisation, mais cela ne doit pas amener à croire que tout le monde est égal dans la maîtrise de la procédure qui permet de doter d'efficacité les énoncés à prétention descriptive, voire scientifique – cela d'autant moins que les procédures étant implicites, floues, seules les personnes dotées d'autorité sont susceptibles de juger véritablement si l'acte accompli est correctement accompli et de reconnaître la validité de l'acte de parole assertif[1]. Les personnes autorisées ont ainsi une double autorité : sur la réalisation de l'acte de parole et, comme une conséquence, sur la définition de la procédure correcte pour réaliser l'acte.

C'est pourquoi, en généralisant ce point, une analyse du fonctionnement des actes de parole doit probablement, non seulement révéler les conditions linguistiques et pratiques, c'est-à-dire les conventions définitionnelles, qui condition-nent leur bonne réalisation, mais également prendre en compte les conditions sociales et les relations de pouvoir qui sous-tendent leurs usages et qui déterminent de manière diffé-rentielle leur efficace et les effets variés (droits, obligations, devoirs, etc.) qu'ils peuvent obtenir.

---

1. L'oubli de cette condition est ce que Bourdieu appelle « l'illusion du communisme linguistique », dans *Langage et pouvoir symbolique, op. cit.*

TEXTES ET COMMENTAIRES

TEXTE 1

ADOLF REINACH
Les actes sociaux *

L'ordre est sans doute un acte spontané, dans la mesure
où il se présente comme l'agir d'un sujet. Mais il présuppose, à
la différence d'autres actes spontanés, comme prêter attention
à quelque chose ou prendre une résolution, un second sujet
à côté de l'initiateur de l'acte, auquel l'acte même que le
premier sujet réalise se rapporte d'une façon particulière.

Il y a des vécus dans lesquels le sujet qui les accomplit et
celui qu'ils visent peuvent être identiques, il y a une obser-
vation de soi, une haine de soi, un amour de soi, etc. À d'autres
vécus au contraire, la relation à un sujet étranger est essentielle ; nous les appelons vécus *impliquant autrui*. Par exemple,
je ne peux pas m'envier moi-même, me pardonner à moi-
même, etc. Il est d'emblée évident qu'un ordre doit être

* A. Reinach, *Les fondements a priori du droit civil*, trad. fr. R. de Calan,
Paris, Vrin, 2004, p. 159-162. La pagination renvoie à l'édition allemande.

caractérisé comme un acte impliquant autrui[1]. Mais l'on n'épuise pas ainsi sa particularité. Il saute aux yeux que cet acte diffère en un point essentiel d'autres actes impliquant autrui, comme le pardon, etc. L'acte n'indique pas seulement une relation nécessaire à un autre sujet, mais *il s'adresse à lui*.

Comme l'acte de prendre une résolution, de même, l'acte de pardonner à autrui peut être accompli de manière purement interne et sans communication. L'ordre au contraire *s'annonce par l'adresse à un autre*, *il le saisit*, tout comme il est dans sa nature même d'être saisi par l'autre. Jamais nous ne donnerons d'ordre si nous sommes sûrs que le sujet auquel nous nous adressons est incapable d'en prendre conscience. Il est dans la nature même de l'ordre qu'*il soit entendu*. Il arrive bien sûr que des ordres soient énoncés sans être entendus. Dans ce cas, ils ont failli à leur tâche. Ils sont comme des javelots qui tombent au sol, sans avoir atteint leur cible.

Nous appellerons les actes spontanés et nécessitant une perception d'autrui des *actes sociaux*. Que tous les actes impliquant autrui ne sont pas des actes nécessitant une perception, nous l'avons vu avec l'exemple du pardon. Nous verrons plus loin que tous les actes nécessitant une perception ne sont pas des actes impliquant autrui. C'est pourtant d'après la nécessité de cette perception que l'on définira le concept d'acte social.

On doit bien se garder de dénaturer ce nouveau cas en se rapportant aux représentations coutumières. Un ordre n'est ni une activité purement externe, ni un vécu purement interne, ni la communication extérieure d'un tel vécu. La dernière

---

1. Je ne peux me donner d'ordre qu'en plaçant, face à moi-même, un autre moi artificiel, comme un quasi étranger. L'amour de soi se dispense en revanche de ce lien artificiel.

possibilité semble être la plus plausible. Mais il est facile de constater que l'ordre n'est pas un vécu susceptible d'être exprimé, ou éventuellement se passant d'expression, plus encore, qu'il n'y a rien en lui qui pût rappeler la pure communication d'un vécu interne. L'ordre est plutôt un vécu d'un certain type, une activité du sujet à laquelle importe essentiellement, en plus de *sa spontanéité, de son intentionnalité et de sa référence à l'autre, la nécessité d'une perception.* Ce qui est établi ici pour l'ordre vaut également pour la demande, pour l'avertissement, pour la question, pour la communication, pour la réponse et bien d'autres encore. Tous sont des actes sociaux que leurs auteurs, dans leur exécution même, adressent à un autre pour l'atteindre dans son esprit.

Les actes sociaux ne pourraient réaliser leur fonction de communication entre individus s'ils n'en venaient à s'extérioriser d'une certaine manière. Comme tous les vécus d'autrui, les actes sociaux ne peuvent être saisis que du point de vue physique; ils nécessitent une certaine extériorité pour être compris. Les vécus auxquels aucune extériorisation n'est nécessaire peuvent se dérouler sans jamais être révélés. Les actes sociaux, au contraire, ont une face interne et une face externe, semblables à une âme et un corps. Le corps de l'acte social peut varier à souhait pour une même âme. Un ordre peut s'exprimer par la mine, par des gestes ou par des mots. On ne doit pourtant pas confondre l'expression des actes sociaux avec la manière dont certains affects, comme la honte, la colère ou l'amour, peuvent se réfléchir involontairement. L'expression de tels actes est au contraire parfaitement spontanée, et peut donner lieu à la plus grande délibération ou circonspection, selon la perspicacité du destinataire. D'un autre côté, on ne saurait la confondre avec la pure constatation de certains vécus qui se produisent effectivement ou viennent de se produire. Lorsque je dis : « j'ai peur » ou « je ne veux pas faire cela », on a là la communication d'un vécu qui peut bien s'accomplir sans être communiqué. L'acte social, au contraire, puisqu'il s'accomplit entre individus, ne peut se scinder en une réalisation effective et une constatation fortuite, mais il forme une unité indissoluble de réalisation et d'expression spontanées. L'expression de son côté n'est pas quelque chose de fortuit, mais elle est au service de l'acte social et elle est nécessaire à l'accomplissement de sa fonction de communication. Certes, des constatations fortuites peuvent accompagner un acte social : « je viens de donner l'ordre de ». Ces constatations se rapportent cependant à l'acte social dans son ensemble, en impliquant son extériorisation qui ne saurait être alors confondue avec elles.

Un point essentiel ne doit pas être négligé dans ces considérations. L'orientation vers un autre sujet, la nécessité d'une perception est pour chaque acte social absolument essentielle. Que l'acte soit extériorisé, cela n'est requis que parce que le sujet qui en éprouve les effets ne peut parvenir à saisir un vécu psychique qu'à partir de fondements physiques. Supposons une communauté d'êtres qui seraient en mesure de percevoir directement et immédiatement leurs vécus respectifs, alors nous serions contraints de reconnaître que dans une telle communauté des actes sociaux dotés d'une âme sans corps seraient tout à fait possibles. Ainsi, nous, hommes, renonçons-nous à donner une expression à nos actes sociaux aussi longtemps que nous supposons que l'être auquel nous les adressons est en mesure de saisir directement notre vécu. On pense par exemple à la prière silencieuse destinée à Dieu et qui tend même à devenir une adresse à Dieu, que l'on peut considérer comme un acte social de nature purement spirituelle.

Engageons-nous à présent dans une analyse plus précise des seuls actes sociaux. Et d'abord la communication. Je puis être *convaincu* d'un état de choses quelconque et garder en moi cette conviction. Je puis encore exprimer cette conviction par une *assertion*. Là encore nous n'avons pas de communication. Cette assertion peut s'adresser à moi-même, sans avoir d'autre destinataire. La *communication* en revanche est immanente à ce type de rapport à autrui. Il est dans son essence même de s'adresser à un autre pour lui faire part de son contenu. Qu'elle s'adresse à un autre homme, elle doit alors s'extérioriser, pour permettre au destinataire de prendre conscience de son contenu. Avec cette prise de conscience, c'est le but même de la communication qui est réalisé. La séquence qui s'ouvre avec l'émission de l'acte social se conclut immédiatement ainsi.

Dans le cas d'autres actes sociaux, la situation est un peu plus compliquée. Prenons tout d'abord la requête et l'ordre. Ce sont des actes relativement apparentés : leur parenté se reflète dans la très forte similitude de leur apparence extérieure. Les mêmes mots peuvent être l'expression d'un ordre ou d'une requête ; c'est seulement par la façon de parler, l'intonation, la puissance de la voix et d'autres facteurs semblables, mais difficiles à établir, que se manifeste une différence. L'ordre et la requête ont un contenu, tout comme la communication. Mais tandis que, chez cette dernière, c'est en principe seulement le contenu qui doit être adressé au destinataire, chez les autres, c'est bien l'ordre et la requête en tant que tels qui doivent être saisis par lui. Et même avec cette prise de conscience, la séquence qui s'est ouverte ne trouve là qu'une conclusion possible. On a ici affaire à des actes sociaux qui, à la différence de la communication, visent essentiellement une activité correspondante, ou plus précisément une réponse, que cette activité soit ou non réalisée. Chaque ordre ou chaque requête vise un comportement du destinataire qui est prescrit par l'acte. Seule la réalisation de ce comportement clôt définitivement le cercle qui est ouvert par l'acte social.

COMMENTAIRE

Cet extrait d'A. Reinach (1883-1917) est à plusieurs égards surprenant. Tout d'abord, il n'est pas issu d'un texte de philosophie du langage, mais d'une œuvre de philosophie du droit qui vise à fournir une théorie générale du droit. Ensuite, il fut écrit par un philosophe presque totalement étranger à la philosophie anglo-saxonne[1] : élève de Husserl, Reinach développa une phénoménologie profondément réaliste contraire aux tendances idéalistes de son maître.

Pourtant, ce texte peut être considéré comme développant, quarante ans avant Austin, les intuitions fondamentales de ce qui allait devenir la théorie des actes de parole, en subvertissant toute l'histoire d'une philosophie du langage (de Locke à Ayer et Carnap, en passant par Mill) qu'il ignorait superbement.

C'est en cherchant à trouver les fondements *a priori* du droit, considérés de manière objective, que Reinach en vint à proposer une théorie des actes sociaux, parmi lesquels il rangeait ce qui allait devenir les actes de parole, et au premier

---

1. On sait néanmoins que Reinach avait lu Hume, qu'il critique un peu plus loin dans l'ouvrage.

chef la promesse et l'ordre, dont il montrait que l'analyse sémantique était insuffisante et qu'ils impliquaient la participation d'un interlocuteur.

Les actes sociaux : des actes qui impliquent essentiellement leur destinataire

Reinach entend découvrir l'essence de certaines réalités telle qu'elle se donne dans l'analyse eidétique. Il examine ainsi certains actes, considérés comme des expériences dans lesquelles le « "Je" se révèle actif » et que l'on peut qualifier à ce titre de « spontanées », en ce sens que le « Je » se révèle être l'initiateur des actes.

Parmi ces actes, on peut noter des actes « internes », c'est-à-dire des actes qui n'ont pas besoin d'être manifestés ou annoncés. Tel est le cas de la décision : lorsqu'un sujet prend une décision, il s'agit d'un acte, en tant que le sujet en est l'initiateur, mais celui-ci n'a pas besoin de communiquer le fait qu'il a pris une décision à un autre que lui-même pour accomplir cet acte. Un sujet peut prendre une décision seul, dans l'intimité de sa conscience. Il n'est donc pas nécessaire à la décision qu'elle soit communiquée à autrui.

La découverte majeure de Reinach consiste à montrer que tel n'est pas le cas pour tous les types d'actes. Certains actes nécessitent que leur auteur trouve un répondant sous la forme d'une espèce de « partenaire » pour être accomplis. Tel est le cas de l'ordre (ou de la promesse, tout aussi bien). L'ordre est en effet un acte, puisqu'un sujet l'initie et s'en rend par là « responsable ». Mais qu'un sujet initie un ordre ne *suffit* pas à le réaliser. Il y faut en plus l'intervention d'autrui, car un ordre ne s'accomplit comme ordre que s'il est *adressé* à quelqu'un.

Ici, il faut comprendre que l'ordre a cette spécificité de devoir être adressé à quelqu'un *d'autre* que le sujet qui l'initie. Certains actes peuvent en effet être adressés à quelqu'un tout en ne requérant pas la participation d'une personne différente : tel est le cas, par exemple, de la haine de soi, ou de l'amour de soi. Je peux me haïr : cet acte est bien dirigé vers un sujet, il s'adresse à quelqu'un, mais ce sujet est *identique* au sujet qui initie l'acte. C'est moi que je hais. Or je ne peux pas me donner un ordre, pas plus que je ne peux me pardonner : l'idée de se donner à soi-même une *obligation* est absurde, puisque je suis à la fois juge et jugé et donc tout à la fois incapable de déterminer si je satisfais à l'obligation correctement, et toujours susceptible de m'absoudre de l'obligation. L'ordre, en tant qu'il crée une certaine contrainte objective, doit plutôt se rapporter à quelqu'un d'autre que le sujet qui l'initie : un autre sujet vis-à-vis duquel mon ordre (ou tout aussi bien ma promesse) a une certaine *portée* et une certaine *objectivité*. Mais sous quelle forme l'acte qu'est l'ordre se « rapporte »-t-il à un autre sujet que celui qui l'initie ?

Dans une veine humienne [1], on pourrait dire qu'un ordre est *l'expression* d'une *volonté* et que cette volonté *porte* sur la personne à qui l'ordre est destiné (conception *E*). Ainsi quand j'ordonne à Carla de se taire, j'exprime ma volonté que Carla se taise. Dans ce cadre, la personne concernée par l'ordre n'intervient que dans le contenu propositionnel de l'ordre :

---

1. Voir Hume, *Traité de la nature humaine*, vol. III, *La morale*, Partie 2, section 5, « De l'obligation des promesses ». Le schéma explicatif intentionnaliste proposé par Hume dérive de la scolastique médiévale et s'étend jusqu'aux conceptions proposées par la philosophie analytique contemporaine.

l'ordre la concerne en ce que ma volonté est que ce soit *elle* qui fasse quelque chose.

Or Reinach entend tout autre chose par le fait que l'ordre se rapporte au sujet auquel il s'adresse. La conception *E* peut admettre que je donne un ordre de manière monologique, c'est-à-dire sans que la personne concernée intervienne *positivement* dans l'ordre donné : seul le sujet est l'initiateur de l'ordre, qui, dès lors qu'il serait correctement construit (notamment parce qu'il concernerait *quelqu'un*), serait valable comme ordre. Cette conception *E* fonctionne très bien pour ce qui concerne la résolution ou le pardon, puisqu'en effet, dès lors que *j'*ai pris une décision (qu'elle concerne ou non *quelqu'un*), la décision est prise [1]. Celle-ci peut s'opérer sans que je la communique à autrui, même s'il est concerné par ma décision. Je peux certes la dire, mais *j'exprime* alors ma décision – tout comme je peux *exprimer* le fait que j'ai pardonné –, c'est-à-dire que je fais part de quelque chose qui est *déjà* réalisé.

Ce n'est plus le cas avec l'ordre : il ne s'agit précisément plus *d'expression* dans ce cas, car la réalisation de l'ordre est contemporaine de sa saisie par autrui. Je ne peux pas *exprimer* un ordre à quelqu'un, puisque l'ordre n'existe pas préalablement au fait que je l'adresse à quelqu'un (sauf s'il s'agit d'un autre ordre, précédemment réalisé). La preuve en est que nous ne donnons pas d'ordre si nous savons que la personne concernée ne peut pas considérer qu'il lui est adressé. Si, par exemple, je dis « Tais-toi ! », en ayant la volonté que cet ordre

---

1. Le cas du pardon peut sembler plus ambigu. Il ne s'agit pas ici *d'accorder* pardon, mais de *pardonner* – ce qui peut se faire en son âme et conscience.

s'applique à Carla, mais que Carla ne se sent pas concernée par cet énoncé (qu'elle soit sourde, qu'elle ne comprenne pas ma langue, ou qu'elle soit trop éloignée de moi pour en prendre connaissance), alors mon énoncé n'aura aucune portée : il n'ordonnera rien, précisément parce qu'il n'ordonne rien *à personne* (en ce sens qu'il n'a pas de destinataire). Cet énoncé n'aura aucune fonction et, comme le dit Reinach, il sera semblable à ces « javelots qui tombent au sol, sans avoir atteint leur cible ». Austin dira plus tard que l'énoncé est « raté ».

Il apparaît donc que la personne concernée doit comprendre l'énoncé (qui demande une certaine chose sur le mode impératif) *comme lui étant adressé* pour que celui-ci devienne un ordre, et qu'elle doit, en ce sens, jouer un rôle *actif* dans la création de l'ordre : elle doit le *reconnaître* (au sens où l'on reconnaît un certain statut). Il faut ainsi que l'énoncé, non seulement soit adressé à une autre personne, mais également « exerce une influence sur l'esprit de l'interlocuteur », pour le dire comme A. Marty [1], dont Reinach connaissait l'œuvre.

Cette *nécessité* pour certains énoncés d'être co-réalisés par la personne à qui ils s'adressent caractérise ce que Reinach appelle des « actes sociaux ». Ces actes sont ceux à la réalisation desquels autrui doit prendre part, en jouant un certain rôle. Ils nécessitent également ce que Reinach appelle une « perception », c'est-à-dire une reprise par autrui, même si tous les actes qui impliquent une perception ne sont pas des actes sociaux. Pensons par exemple à l'acte de montrer quelque chose, qui doit être perçu comme acte de montrer quelque chose sans pour autant impliquer autrui comme co-réalisateur.

---

1. A. Marty, *Untersuchungen sur Grundlegung der allgemeine Grammatik und Sprachphilosophie*, vol. 1, Halle a.d.S., Niemeyer, 1908, p. 284.

Deux caractéristiques *conjointes* sont donc *nécessaires* pour définir un acte social : le fait qu'il *implique* son destinataire dans sa réalisation et le fait qu'il demande une *perception*. On pourrait dire qu'il est nécessaire et suffisant que l'acte, pour être social, implique une certaine *reconnaissance* par son destinataire dans sa production.

L'unité de l'expression et de la réalisation des actes sociaux

Dire que l'acte social doit être perçu peut cependant être mal compris : il ne s'agit pas de dire que l'acte se réduit à l'énonciation de certains mots ou à la réalisation de certains gestes, ni qu'il correspondrait à la communication par ces mots ou ces gestes d'un vécu. Il est évident qu'il ne suffit pas de prononcer les mots « Je t'ordonne de te taire » pour réaliser un ordre, puisqu'en l'absence du destinataire, par exemple, l'ordre ne prendra pas effet. Il est moins évident de comprendre qu'un acte tel qu'un ordre n'est pas, comme l'avait envisagé la théorie *E*, la communication d'un vécu – par exemple, la communication d'une volonté ou d'un désir. Mais Reinach insiste sur le fait qu'il n'est pas susceptible d'être quelque chose qui puisse être simplement « communiqué » ou exprimé. Cela supposerait qu'il puisse être réalisé par le seul sujet de l'acte, qui en rendrait *ensuite* compte. Or si l'acte social est bien un vécu spécifique du sujet en tant qu'il en est l'initiateur, et s'il est bien dirigé vers un autre, il ne se réduit pas à ses deux dimensions, car il n'advient pas avant que l'autre l'ait saisi et donc *perçu*. Un ordre ne devient un ordre qu'au moment où l'ordonné a compris qu'on lui donnait un ordre, ce qui présuppose qu'il a pu se saisir de l'ordre et que celui-ci a pris une forme perceptible. En ce sens, l'acte social est social en tant qu'il est *un vécu qui s'extériorise pour être saisi par autrui*. C'est pourquoi il a « deux faces » : une « âme », qui correspond au vécu du sujet qui l'initie, et un « corps » qui correspond à son enveloppe linguistique (ou gestuelle).

Cette dernière est nécessaire car les humains ne communiquent pas d'esprit à esprit : autrui ne peut pas saisir « directement » ce que je pense, ni ce que je fais dans l'intimité de ma conscience ; par conséquent il ne peut pas saisir les ordres éventuels que je lui donne « en pensée » et il est nécessaire que je donne à ceux-ci une enveloppe matérielle formée de mots.

Reinach fait ici allusion au débat datant de la scolastique médiévale concernant le langage des anges, dans lequel le caractère actif de la parole avait d'ailleurs était entrevu[1]. Le débat consistait précisément à savoir si les anges pouvaient se promettre quelque chose les uns aux autres, étant donné qu'ils disposaient d'une lecture directe de la conscience des autres. La réponse semble évidente : si un ange pense promettre quelque chose à un autre, alors celui-ci peut saisir directement la « promesse mentale » du premier, sans qu'elle soit exprimée. Ils peuvent donc se faire des promesses sans le concours d'aucune médiation, donc *immédiates* (dans un sens à la fois logique et temporel). Or tel est précisément le problème : peut-on faire un acte de promesse sans médiation ? Il n'est pas sûr que ce soit possible si l'on considère, comme Reinach, qu'il doit y avoir une sorte de coopération de l'initiateur et du destinataire de l'acte dans sa réalisation. Car alors il faut nécessai-

---

1. Voir I. Rosier-Catach, « Le parler des anges et le nôtre », dans *Studies in honour of Alfonso Maierú*, S. Caroti, R. Imbach, Z. Kaluza, G. Stabilie et L. Sturlese (eds.), Louvain la Neuve, FIDEM, 2006, p. 377-401.

rement que cet acte ait une temporalité et qu'il n'advienne que
lorsque le destinataire y aura participé (en lui accordant sa
reconnaissance). Et on peut poser qu'il faut nécessairement
que le destinataire se saisisse de l'acte sous une forme quelconque pour y participer. Les mots ou les gestes fourniraient
alors cette interface sur laquelle vient s'accrocher l'esprit de
l'interlocuteur pour transformer un énoncé (un geste) en acte.
C'est beaucoup moins évident dans le monde des anges,
où l'acte se réduirait alors à une saisie commune des idées.
On comprend alors pourquoi on peut considérer que cette
médiation de la perception devient nécessaire et pourquoi une
promesse devrait passer par une extériorisation. Ce sera la voie
prise par Austin.

Reinach n'emprunte pourtant pas cette direction et admet
que des anges pourraient contribuer à des actes sociaux par une
saisie des vécus respectifs – mais il s'agirait alors d'actes « sans
corps ». La possibilité d'actes sociaux purement *spirituels* est
ainsi admise, et n'est pas totalement exclue son occurrence
dans les interactions humaines, lorsque les choses « vont sans
dire » et que les engagements se prennent silencieusement.
Toutefois, il convient de garder à l'esprit que, même dans ce
cas, il doit y avoir une *perception* de ma promesse silencieuse
par celui à qui elle est adressée et qu'il doit donc parvenir à lire
dans mon esprit pour que la promesse soit réalisée. Il demeure
par conséquent que le cas le plus probant est celui où l'homme
communique avec Dieu : lorsque j'adresse une prière à celui-ci,
je suis en effet censé entrer en « communication spirituelle »
avec lui en lui présentant mes pensées et il a donc quelque
chose à « lire » ou à « percevoir ». Cela est possible car Dieu est
supposé pouvoir lire dans les âmes humaines et y avoir un
accès direct qui lui permet de « reconnaître », le cas échéant,

les promesses et les prières qui lui sont adressées. Il reste que la saisie de l'acte du sujet est nécessaire, ainsi donc que sa perception par un autre que lui-même – que cette perception repose sur une extériorité spirituelle ou matérielle.

Si donc tous les actes sociaux ne prennent pas nécessairement une forme physique pour s'extérioriser, tous les actes sociaux entre hommes ont besoin d'une médiation leur permettant d'être saisis par autrui et doivent par conséquent être à la fois internes, en tant qu'ils s'originent dans la conscience du sujet qui les initie, et externes, en tant qu'ils exigent qu'un autre puisse les saisir. Par conséquent, nous comprenons que l'acte social « forme une unité indissoluble de réalisation et d'expression spontanée » : il ne prend effet que dans la reconnaissance qu'on lui accorde, fondée sur l'expression que le sujet en fait.

Si maintenant l'acte social doit se donner à saisir sous une forme tangible, il peut prendre plusieurs corps et s'exprimer différemment. Reinach note ici d'une part la sous-détermination sémantique de l'action linguistique : on peut utiliser plusieurs énoncés différents pour réaliser le même acte. Je peux très bien ordonner à Carla de se taire en lui disant « Tais-toi ! » ou « Je ne supporte pas les chanteuses ! ». Et il remarque par ailleurs la plasticité des supports de l'acte : je peux donner le même ordre en prononçant certains mots ou en faisant certains gestes (qu'on dira « éloquents »).

Toutefois, cette insistance sur la « matérialité » de l'acte social ne doit pas conduire à confondre les actes sociaux et les expressions affectives. Reinach considère ici que l'expression des sentiments, comme la honte, la colère ou l'amour, ne correspond pas à la réalisation d'un acte, mais simplement à l'expression d'un vécu. Il prend ainsi position dans le débat qui concerne notamment la question de la déclaration amou-

reuse[1]. Soit on considère que celle-ci ne relève que de
l'expression de sentiments et donc de la révélation d'infor-
mations; soit on considère qu'elle affecte véritablement l'état
du monde, qu'elle est un véritable acte de parole, et qu'à ce
titre elle demande la participation du destinataire. Reinach
prend clairement position pour la première option, en se
fondant là encore sur l'implication volontaire des personnes
concernées dans la réalisation de l'acte.

Il remarque tout d'abord que les sentiments tels que la
honte, la colère ou l'amour peuvent être connus indépen-
damment de la volonté de la personne qui les éprouve. Ainsi,
mes sentiments peuvent être « trahis » par mes gestes ou mes
paroles – ce qui n'est pas le cas d'un ordre ou d'une promesse.
Je ne peux pas donner un ordre « par erreur » ou sans le vouloir,
car je m'implique résolument dans sa réalisation, en ce sens
précis que je dois parvenir à le faire comprendre à la personne à
qui il est adressé. Je dois même pour cela faire parfois preuve
d'efforts, de « délibération ou de circonspection », afin de me
faire bien comprendre. Cela est dû au fait que la participation
du partenaire est indispensable à la bonne réussite de mon acte
et que je dois la rechercher dans et à travers l'acte que j'initie.

Mais ce n'est pas le cas des sentiments, qui sont réalisés
lors même qu'ils sont exprimés fortuitement. Dans ce cas,
l'interlocuteur ne doit pas participer d'une manière *déterminée*. Celui-ci aura une réaction qui dépendra de ses propres
sentiments, de sa gentillesse, d'un ensemble d'éléments
contingents, mais non pas de ce qu'exige l'initiateur de cette
révélation. En effet, il semble que la déclaration d'amour ne

---

1. Voir C. Kerbrat-Orrechioni et N. Gelas, *La Dichiarazione d'amour – La
Déclaration d'amour*, Genève, Erga Edizioni, 1998.

suscite que des effets contingents, qui dépendent de l'état d'esprit de l'adressé, qui peut répondre positivement ou négativement selon ce qu'il ressent. En ce sens, ce dernier ne fait que *répondre* à l'acte consistant à exprimer certains sentiments, sans y participer. Pour le dire autrement, le destinataire d'une déclaration amoureuse ne semble pas contribuer à l'effectivité de la déclaration : elle se réalise qu'il soit ou non d'accord pour qu'elle le fasse. Par conséquent, l'expression de sentiments n'est pas un acte social. Ce que prouve en retour le fait que les sentiments en question donnent lieu à des vécus qui n'ont pas besoin d'être communiqués pour avoir lieu, contrairement aux actes sociaux dont la communication est nécessaire à leur réalisation.

Par contre, Reinach classe, parmi les actes sociaux, la demande, l'avertissement, la communication, etc., anticipant partiellement l'idée austinienne que la mise à disposition d'information elle-même n'est pas neutre et qu'elle consiste en un acte qui fait appel à l'interlocuteur.

Réussite et clôture de l'acte

Reinach consacre une analyse détaillée à la communication, considérée comme acte social qui a pour fonction de *faire connaître* un certain contenu au destinataire. Elle ne se réduit pas à une simple déclaration de croyance (ce qu'il appelle une « assertion »), qui serait indépendante de sa réception et qui ne serait que la mise au jour, ou la révélation, d'un *état* du sujet. Je puis ainsi être convaincu que les hommes que, de mon poêle, je voie dans la rue ne sont que des automates. Cette conviction n'a pas besoin, pour être une conviction – une conviction dont je suis l'initiateur –, d'être exprimée : je peux la garder en mon for intérieur et la réaliser de manière purement spirituelle. Si je l'exprime au moyen

d'une phrase, si j'explicite ma croyance, alors elle n'a pas
besoin, pour être une explicitation de ma croyance, de l'intervention d'un autre à qui cette explicitation serait adressée. En
bref, elle n'est adressée à personne et n'est que le compte-
rendu d'un état du sujet qui lui pré-existe.

La communication possède un autre statut, en raison de sa
fonction, qui consiste à faire part à autrui de ce qu'un sujet
pense : comme le rappelle son étymologie (*communicare*,
« être en relation avec »), je ne communique quelque chose
qu'à quelqu'un à qui cette information est destinée. L'acte
consistant à communiquer est ainsi un acte *d'adresse*, qui doit
nécessairement être saisi comme tel par la personne à qui il
s'adresse, pour être effectif : si je veux faire connaître à mon
amie le fait qu'il fait suffisamment beau pour aller à la plage,
mon acte de communication n'aura pas réussi si mon amie ne
m'écoute pas, ou si elle n'a pas compris le message. Il faut
ainsi que mon interlocuteur prenne conscience de ce que la
communication veut lui communiquer pour que la communication ait lieu. Tel est le but, qu'on pourrait dire « illocutoire »,
de la communication, qui n'est atteint que par une participation conjointe du locuteur et de l'interlocuteur : celui-ci doit
se saisir de l'information comme le concernant pour que l'acte
ait vraiment lieu. En ce sens, on peut dire que l'action communicationnelle est *accomplie* lorsque l'interlocuteur *saisit* ce
que le locuteur *veut* lui dire, c'est-à-dire le *contenu* qu'il a
l'intention de lui transmettre. On a là une matrice parfaite de la
théorie de l'agir communicationnel développé plus tard par
J. Habermas [1].

1. Voir J. Habermas, *Théorie de l'agir communicationnel*, t. 1, trad. fr.
J.-M. Ferry, Paris, Fayard, 1983.

Cependant, tous les actes sociaux ne permettent pas une analyse aussi simple, 1) d'une part quant à ce qui doit être saisi par l'interlocuteur, 2) d'autre part quant à la clôture de l'acte. On peut dire qu'ils admettent des « conditions de réussite » différentes.

1) La saisie, par l'interlocuteur, du simple *contenu* de ce que veut dire un locuteur suffit à faire réussir l'acte de communication. Mais tel n'est pas le cas avec des actes sociaux dont la valeur informative est moindre. Prenons les cas de la requête et de l'ordre. Ces deux actes sont intéressants car ils peuvent être réalisés au moyen de l'expression des mêmes mots. Si l'on reprend notre exemple précédent, on peut tout autant *ordonner* de se taire que le *demander* au moyen des mots « Peux-tu te taire ? ». La différence ne réside par conséquent pas dans ce qui est dit, dans le *contenu* ou la *sémantique* des termes. Elle est « extérieure » au contenu et reste déterminée par des éléments qu'on appellera « contextuels » : cela peut être l'intonation de la voix, la personnalité du locuteur, la situation d'interaction. En l'occurrence, il suffira généralement de prononcer ces mots en haussant le ton pour qu'ils forment un ordre plutôt qu'une promesse.

Mais, dans ce cas, la saisie du contenu par l'interlocuteur ne suffit pas pour déterminer la réussite de l'ordre (puisqu'il pourrait tout aussi bien s'agir d'une demande, voire d'une simple question). Par conséquent, quelque chose d'autre doit être *saisi* par l'interlocuteur, en sus du contenu, pour que l'acte advienne. Reinach dit que « l'ordre et la requête en tant que tels [...] doivent être saisis par lui » ; il identifie là ce qu'Austin qualifiera plus tard de « force illocutoire » et refuse de réduire celle-ci à une compréhension de la sémantique des termes utilisés pour faire l'acte. Reinach propose donc une analyse qui, dans la forme, est très proche de celle de Searle, sans réduire la force illocutoire à des intentions. Pour Searle, en effet, un acte illocutoire (un énoncé) peut être analysé de la manière suivante : $F(p)$, où F correspond à la force illocutoire de l'énoncé utilisé et p à la proposition (ou au contenu) exprimé par l'énoncé[1]. Selon Reinach, il conviendrait donc, pour qu'un acte social se réalise, que l'interlocuteur saisisse à la fois p et F, sans que F puisse se réduire à p (ou du moins pas dans tous les cas).

2) On a également vu que la saisie, par l'interlocuteur, du simple *contenu* de ce que veut dire un locuteur suffisait à faire réussir *complètement* l'acte de communication, c'est-à-dire aussi à le *clore*. Une fois que j'ai compris ce que mon interlocuteur voulait me dire, alors l'acte de communication est réussi et n'appelle pas d'autre suite. Mais tel n'est pas le cas avec des actes sociaux dont la force illocutoire est différente. Prenons à nouveau les cas de la requête et de l'ordre. Typiquement, lorsqu'un ordre est donné (c'est-à-dire lorsqu'il est réussi), est attendue une certaine *réponse*; de même avec la requête. Cette réponse (le fait d'obéir – ou de désobéir – à l'ordre) n'est exigée que parce qu'un ordre a été accompli. Autrement dit, l'acte social qu'est l'ordre introduit dans la réalité une certaine exigence quant à la suite à lui donner – ce que Reinach appellera une « obligation » et à laquelle il donnera un statut ontologique. L'obligation à laquelle donne lieu un ordre (ou une promesse, une requête, etc.) sera un état appartenant à un domaine ontologique spécifique, idéal et déontique, et qui aura pour particularité d'avoir une *durée* déterminée. Comme le dit J. Benoist, un acte social « ouvre un

1. J.R. Searle, *Les actes de langage*, *op. cit.*, p. 69-70.

horizon de normativité[1] » qui se ferme lorsque la réponse attendue est fournie. Ainsi, si j'obéis à un ordre, l'obligation créée par lui disparaît et l'ordre cesse d'être valable.

On comprend ainsi que chaque acte social se spécifie en fonction de la force illocutoire qu'il détient et que la saisie de cette dernière conditionne la réussite de l'acte en même temps qu'elle crée un certain horizon de normativité dans lequel doivent venir s'inscrire certaines réponses attendues par l'acte, qui viennent en clore la réalité lorsqu'elles sont données. Un ordre qui se fait obéir a ainsi pleinement réussi en obtenant son extinction.

1. Voir J. Benoist, « Synthétique *a priori* et normativité », dans J. Benoist et J.-F. Kervégan (éds.), *Adolf Reinach, Entre droit et phénoménologie*, Paris, CNRS Éditions, 2008, p. 31-49.

licités que le sont les énoncés performatifs. En réalité, on peut montrer que certains problèmes qui sont apparus récemment dans l'étude des assertions ne sont que des problèmes relatifs aux infélicités. On a par exemple mis en évidence le fait qu'il y a quelque chose de très bizarre à dire une chose comme : « Le chat est sur le tapis, mais je ne le crois pas ». Or c'est une chose extravagante à dire, mais qui n'est pas contradictoire. Rien n'empêche que le chat soit sur le tapis quand je ne crois pas qu'il y est. Comment devons-nous alors déterminer ce qui ne va pas avec cet énoncé particulier ? Si nous nous souvenons ici de la doctrine des infélicités, nous verrons que la personne qui fait cette remarque sur le chat est dans une position très similaire à celle qui dit ce genre de chose : « Je promets que je serai là, mais je n'ai pas la moindre intention d'y être ». Une fois encore, il est certain que vous pouvez très bien promettre d'être là sans avoir aucune intention d'être là, mais il y a quelque chose d'extravagant dans le fait de le dire, dans le fait d'avouer l'insincérité de la promesse que vous faites. De la même façon, il y a insincérité dans le cas de la personne qui dit « Le chat est sur le tapis, mais je ne le crois pas », et qui est en fait en train d'avouer son insincérité [...].

De cette façon, les maux qui, on l'a découvert, affectent les assertions peuvent alors être précisément mis en parallèle avec les maux qui caractérisent les énoncés performatifs. Et après tout, quand nous affirmons, décrivons ou rendons compte de quelque chose, nous accomplissons bien un acte qui est tout autant un acte que l'acte consistant à ordonner ou à avertir. Il ne semble y avoir aucune raison valable de donner à la seule assertion une position spéciale. Les philosophes ont bien sûr eu coutume de parler comme si vous, moi ou quiconque pouvions juste aller affirmer n'importe quoi sur n'importe quel sujet, tout en étant en règle, avec cette seule petite question en suspens : est-ce vrai ou faux ? Mais au-delà de la petite question concernant la vérité ou la fausseté, il y a sûrement la question : *est*-ce en règle ? Peut-on juste aller faire des assertions sur n'importe quoi ? Supposons par exemple que vous me disiez « Je me sens plutôt barbouillé ce matin ». Alors je vous dis « Non, certainement pas » et vous répondez « Que racontez-vous, certainement pas ? ». Et je dis « Oh rien – J'affirme juste que ce n'est pas ainsi que vous vous sentez, est-ce vrai ou faux ? ». Vous dites alors « Que voulez-vous que je vous réponde sur la vérité ou la fausseté de cela ? Le problème est de savoir ce que vous voulez dire en faisant des assertions sur les sentiments d'une autre personne. Je vous ai dit que je me sentais plutôt barbouillé et vous n'êtes tout simplement pas en position de dire ou d'affirmer que ce n'est pas ainsi que je me sens ». Ceci met en évidence le fait que vous ne puissiez pas émettre des assertions sur les sentiments d'autrui (bien que vous puissiez faire des suppositions, si vous le souhaitez) ; et il existe un grand nombre de choses dont vous ne pouvez tout simplement rien affirmer, n'en n'ayant aucune connaissance ou n'étant pas en position de vous prononcer à leur sujet. Il nous faut descendre un peu de leur piédestal l'assertion et, par la même occasion, la description et le compte-rendu, afin de comprendre qu'ils sont tout autant des actes de parole que ceux que nous avons mentionnés et dont nous avons parlés comme de performatifs.

Que l'on regarde donc un instant d'un autre point de vue notre contraste de départ entre le performatif et l'assertion. En maniant les performatifs, nous avons constamment fait comme si la seule chose qu'un énoncé performatif avait à faire était d'être heureux, de s'exécuter, de ne pas être un raté, ni un abus. Certes, mais ceci ne règle pas le problème. On peut au moins dire dans le cas de beaucoup d'énoncés qui, selon ce que nous avons dit, devraient être classés comme performatifs (les cas où l'on dit « Je t'avertis… », « Je te conseille de … » etc.) que – à part la simple question : était-il en règle, était-il correct, en tant que conseil ou avertissement, s'est-il réalisé ? – d'autres questions interviendront. Après cette question, viendra sûrement cette autre : était-ce un bon conseil – un conseil valable ? Était-ce un avertissement justifié ? Ou, disons, dans le cas d'un verdict ou d'une estimation : était-ce une bonne estimation ou un verdict légitime ? On ne peut résoudre ces questions qu'en prenant en considération la façon dont le contenu du verdict ou de l'estimation est, en un sens, en rapport avec les faits ou avec les preuves factuelles disponibles. C'est dire qu'il faut au moins évaluer un grand nombre d'énoncés performatifs à l'aune de la dimension générale de la correspondance avec les faits. On peut bien sûr encore dire que cela ne les rend pas identiques aux assertions, parce qu'ils ne sont toujours pas vrais ou faux et que c'est la marque précise et distinctive de la classe des assertions. Mais, en fait, plus vous réfléchissez à la vérité et à la fausseté, plus vous découvrez que très peu d'assertions sont simplement vraies ou simplement fausses – même si cela prendrait trop de temps de s'appesantir vraiment sur cette question. Souvent, la question se pose de savoir si elles sont correctes ou incorrectes, appropriées ou inappropriées, exagérées ou non. Sont-elles trop approximatives ou parfaitement précises, exactes, et ainsi de suite ? « Vrai » et « faux » ne sont que les labels généraux d'une dimension complète d'évaluations différentes qui ont un rapport avec la relation entre ce que nous disons et les faits. Si donc nous assouplissons nos idées de la vérité et de la fausseté, nous verrons que les assertions, lorsqu'elles sont évaluées en rapport aux faits, ne sont après tout pas tellement différentes des conseils, des avertissements, des verdicts et autres performatifs.

Nous voyons alors qu'affirmer quelque chose, c'est tout autant accomplir un acte que l'est le fait de donner un ordre ou un avertissement ; et nous voyons d'autre part que lorsque nous donnons un ordre, un avertissement ou un conseil, on peut se demander comment celui-ci est lié aux faits, question qui n'est peut-être pas tellement différente du type de question qui se pose quand nous examinons la façon dont une assertion est liée aux faits. Eh bien cela semble signifier que dans sa forme originale, notre distinction entre le performatif et l'assertion s'affaiblit considérablement et même s'effondre. Je ne ferai qu'une suggestion quant à la manière de traiter ce problème. Il nous faut revenir bien en arrière, pour considérer de quelle façon et en quel sens dire quoi que ce soit, c'est faire ceci ou cela – parce que, bien sûr, c'est toujours faire un bon nombre de choses différentes. Et, ce faisant, quelque chose émerge en dehors de la question très étudiée par le passé de la *signification* d'un énoncé. C'est la question, distincte de la précédente, de savoir quelle est ce qu'on pourrait appeler la *force* d'un énoncé. Nous pourrions très bien savoir ce que signifie « Ferme la porte » sans pour autant savoir si, en plus, énoncé à un certain moment, c'était un ordre, une supplication ou autre chose. Outre la vieille doctrine sur les significations, nous avons besoin d'une nouvelle doctrine portant sur les différentes forces possibles des énoncés.

COMMENTAIRE

L'extrait précédent est issu d'une conférence, « Les énoncés performatifs » (1956), destinée à un public radiophonique. Sa clarté permet de bien saisir toute la finesse de l'analyse austinienne des « actes de parole » – qui ne se réduisent pas, comme on l'oublie souvent, aux « performatifs ». Ces derniers forment au contraire le cheval de bataille permettant de combattre « l'illusion descriptive », autre forme de l'illusion intellectualiste qui consiste à considérer que l'ensemble des énoncés servent à porter une certaine forme de savoir et sont, de ce fait, à vocation descriptive.

En montrant que le propre des énoncés performatifs est généralisable à l'ensemble des énoncés, Austin (1911-1960) entend montrer que tous les énoncés sont des actes, correspondant à autant de conditions de félicités différentes. Il s'oppose par là à toute la tradition de l'empirisme logique, et plus généralement de l'analyse logique, pour qui un énoncé doit pouvoir être analysé en fonction de ses conditions de vérité, c'est-à-dire en fonction d'une signification considérée sous un plan uniquement représentationnaliste ou descriptif.

Le statut des énoncés performatifs

Les performatifs forment d'une certaine façon la première strate de toute la constellation d'activités linguistiques mises au jour par Austin. On les identifie en montrant que certains énoncés sont tout à fait sensés, sans pour autant répondre aux canons véri-conditionnels posés par le positivisme logique : ils sont grammaticalement bien formés, ils ont d'ailleurs la forme d'assertions (sujet-verbe-prédicat), mais ils n'affirment rien qu'on puisse vérifier. En réalité, ces énoncés ne disent pas tant quelque chose (à trouver dans le réel) qu'ils ne *font* quelque chose (généralement, ce qu'ils disent faire). Ainsi, lorsque je dis « Je te promets de faire *x* » : il ne s'agit pas d'une description, puisque je ne suis pas en train de décrire le fait que je promets de faire *x* (puisque je ne l'ai pas pas *encore* fait) ; mais il s'agit bien de faire *x en disant* que je le fais. Cet énoncé consiste alors, par son énonciation même, à accomplir une promesse.

Le sens de ces énoncés ne se réduit donc pas à décrire le monde, comme le croient les philosophes sous le coup de l'illusion descriptive, mais consiste plutôt à accomplir quelque chose dans le monde, c'est-à-dire à y introduire une *modification*. La plupart de ces énoncés dits « performatifs » accomplissent ainsi ce qu'ils disent faire. Cela semble pourtant impliquer qu'un élément linguistique *explicite* l'action qu'ils réalisent. C'est le cas avec l'énoncé utilisé précédemment : pour faire une promesse, je peux employer un énoncé composé des mots « je te promets etc. » qui disent que je *promets*. La présence de tels éléments linguistiques a pu conduire à dire qu'il s'agissait là encore d'une description. Mais cette idée se trompe sur le statut de ces éléments, qui n'ont pas dans ce type de phrase une fonction descriptive, mais explicitative : ils *indiquent* l'action que leur usage sert à réaliser, sans la *décrire*. C'est pourquoi on qualifie les énoncés performatifs qui les comprennent de «performatifs explicites». Car il existe d'autres énoncés performatifs qui ne comprennent pas ces éléments. En effet, je peux tout à fait promettre en utilisant un énoncé du type «Je viendrai demain»: ce sont alors les circonstances de l'énoncé qui font que l'énoncé sera pris comme une promesse. Mais aucun élément linguistique ne vient expliciter ce qui est fait au moyen de cet énoncé – on qualifiera ces énoncés de «performatifs implicites».

Il convient ici de comprendre qu'il n'y a pas de différence de statut entre les performatifs explicites et les performatifs implicites; ils fonctionnent de la même manière. Mais il y a deux façons de comprendre comment ils fonctionnent. Austin avancera l'idée qu'ils n'ont d'efficacité qu'en raison de leur caractère conventionnel. Une autre explication, qui s'est beaucoup généralisée, veut trouver la source de l'efficacité performative dans la réflexivité supposée des énoncés performatifs (qu'il convient alors de trouver, de manière implicite, dans les performatifs non explicites). Cette explication qui consiste à trouver l'efficacité des actes de parole sur un plan purement linguistique revient en définitive à l'idée que les énoncés performatifs sont (au moins partiellement) descriptifs, en ce qu'ils *décriraient* l'action qu'ils réalisent. Contre Austin, qui soutient que «il semble clair qu'énoncer la phrase (dans les circonstances appropriées, évidemment), ce n'est ni *décrire* ce qu'il faut bien reconnaître que je suis en train de faire en parlant ainsi, ni affirmer que je le fais: c'est le faire» (*HTD*, p. 6/41), L.J. Cohen, par exemple, affirme que, dans le cas des performatifs explicites, leur signification englobe l'explicitation de leur force ou de leur acte, puisque la *signification* de l'ordre «Mange ta soupe» serait de *t'ordonner de manger ta soupe*[1]. On peut donc soutenir que ce sont de simples énoncés descriptifs qui se décrivent eux-mêmes, et que leur action réside dans ce caractère descriptif redoublé, qui permet à l'énoncé de se faire comprendre lui-même. Comme le dit également Hédénius, les commandements explicites « n'expriment pas directement des commandements mais donnent l'information qu'un commandement vient maintenant d'être donné [...] Leur énonciation entend amener un commandement à l'existence en informant le récepteur de l'existence de cette commande »[2].

Très proches des thèses de Searle, ces conceptions considèrent que l'efficacité des performatifs se ramène à la compréhension de l'action faite au moyen de l'énoncé. Mais, si l'on tient à l'idée que l'efficacité performative ne relève pas simplement de l'ordre de la sémantique, comme tend à le prouver la dépendance de la réussite de ces énoncés à l'égard de conditions de félicité qui ne sont pas des conditions de vérité (voir la suite du commentaire), alors l'explication qui consiste à faire dériver l'efficacité performative de la réflexivité, c'est-à-dire d'un commentaire de l'énoncé sur sa propre énonciation, est illusoire et, en définitive, anti-pragmatique.

Dire, par exemple, que je veux faire un ordre rend explicite l'action que je veux réaliser, mais ne réalise pas l'action de l'ordre pour autant. Pour accomplir un ordre, il ne suffit pas de dire *que je le fais*, il faut le faire. Ainsi, dans l'énoncé « Je t'ordonne de te taire », la valeur sémantique de « Je t'ordonne » ne suffit pas à faire que l'énoncé devienne un ordre – il faut

---

1. Voir L.J. Cohen, « Do Illocutionary Force Exist? », *Philosophical Quarterly*, vol. 14, n°55, 1964, p. 118-137.

2. J. Hedenius, « Performatives », *Theoria*, n°29, 1963, p. 123.

quelque chose en plus qui vient *transformer* le rôle de ces éléments linguistiques en action. Pour le dire autrement, l'explication précédente reste dans l'ordre de la sémantique et ne permet pas d'en sortir et d'expliciter l'action réalisée, sauf à la réduire à une simple compréhension de ce qui se passe – ce qui serait nier qu'il se passe quelque chose. Car ce n'est pas de la sémantique redoublée qui la transforme en pragmatique. Le fait d'expliciter les choses ne permet pas aux choses de se réaliser, mais de mieux les comprendre lorsqu'elles se réalisent. Le langage ne fait pas exception : il n'a pas en soi de pouvoir magique et il est vain de réduire sa valeur pragmatique à la *compréhension* de ce qu'il fait [1].

Cette impossibilité pour le domaine linguistique de rendre compte du domaine pragmatique explique pourquoi Austin soutient qu'on ne peut pas trouver de critère linguistique ou grammatical permettant de distinguer un énoncé performatif d'un énoncé « normal ». Car même si l'on peut classer différents verbes en fonction du type d'action performative qu'ils servent à accomplir et qualifier tout énoncé où ils figurent de manière efficace de « performatif explicite », on rencontre également nombre d'énoncés où ces verbes ne figurent pas et qui sont pourtant tout aussi efficaces dans leurs contextes d'énonciation. La formulation explicite des performatifs n'est en fait qu'un développement ultérieur de formules efficaces, qui doivent leur efficacité à autre chose qu'à la présence d'un élément linguistique spécifique. Elles la doivent précisément aux conditions d'efficacité institutionnelles et contextuelles.

---

1. Remplacer le mystère de l'efficacité illocutoire par la magie du texte s'auto-interprétant n'est pas une explication rationnelle des événements linguistiques.

Mais si l'on abandonne l'idée qu'un critère linguistique permet de repérer les énoncés dont la seule énonciation suffit à produire des choses, alors la distinction entre énoncés performatifs et énoncés non-performatifs (ou « descriptifs ») menace de s'effacer, puisque les énoncés performatifs sont souvent des énoncés qui ont la forme grammaticale d'assertion.

L'analyse logique de l'assertion et la « contradiction performative »

Austin revient sur ce contraste en examinant le cas des énoncés supposés non-performatifs, c'est-à-dire, dans sa terminologie, les « constatifs », qui comprennent les assertions, les descriptions – tous les énoncés qui ont pour fonction de dire ce qui est et d'être, à ce titre, soit vrais, soit faux. Ces énoncés ne semblent pas être soumis aux conditions de réussite qui déterminent la réussite, ou non, des performatifs. Ces derniers sont *heureux* ou *malheureux* selon qu'ils réussissent à *accomplir* l'action dont ils parlent. Un constatif, par contre, est vrai ou faux, selon que ce qu'il dit correspond, ou non, au réel. Si je dis que le chat est sur le tapis, mais que le chat est sur la pelouse, alors mon énoncé est faux. Mais ce constatif ne semble pas pouvoir être malheureux, puisque, par définition, il n'accomplit rien (il ne fait certainement pas en sorte que le chat soit sur le tapis).

Pourtant l'analyse logique elle-même semble rencontrer des difficultés à traiter certains phénomènes qui affectent les constatifs, notamment un paradoxe mis à jour par G.E. Moore[1]. Ce dernier fit remarquer que des énoncés tels

---

1. Voir G.E. Moore, « A Reply to my critics », dans *The Philosophy of G.E. Moore*, P.A. Schilpp (ed.), Evanston (Ill.), Northwestern UP, 1942,

que « Le chat est sur le tapis, mais je ne le crois pas » ou « Le chat est sur le tapis, mais je crois qu'il n'y est pas » étaient absurdes, sans être contradictoires. Ces énoncés sont de la forme « p, mais je ne crois pas que p » ou « p et je crois que *non-p* » : une proposition est affirmée et, dans le même temps, la croyance en la vérité de cette assertion est déniée. Sémantiquement, ou logiquement, il n'y a là aucune contradiction, puisque, formellement, nous n'avons pas « p et $\neg p$ », mais « p et $\neg C(p)$ », où p est la proposition exprimée et C l'attitude propositionnelle (ici la croyance) tenue à l'égard de p. Comme la négation ($\neg$) ne porte pas sur ce qui est affirmé en premier lieu (p), mais sur la croyance à l'égard de p, il n'y a pas ici de contradiction logique au sens véritable. Le prouve le fait que rien n'empêche le chat d'être sur le tapis quand je ne crois pas qu'il y soit.

Selon Moore, le paradoxe s'éclaire si l'on comprend que la contradiction est cachée : on peut la révéler en montrant que l'assertion de p implique, ou exprime, en fait la croyance que p, de telle sorte que l'énoncé de départ doit plutôt se réécrire : « $C(p)$ et $\neg C(p)$ », où c'est la croyance de p qui est à la fois affirmée et déniée. Dans ce cas, un paradoxe logique apparaît bel et bien, puisque, en utilisant cet énoncé, je soutiendrais une chose et son contraire[1].

Austin n'admet pas cette explication et considère que le paradoxe est *pragmatique* plutôt que sémantique. Cela tient au

p. 540-543 et G.E. Moore, *Philosophical Papers*, London, Allen and Unwin, 1959, p. 175.

1. Grice a proposé (sans l'accepter) une version intentionnaliste de cette explication, qui retraduit la croyance présupposée par l'assertion de p en expression de l'intention de communiquer la croyance du locuteur que p. Voir H.P. Grice, « Moore and Philosopher's Paradoxes », art. cit., p. 168-169.

fait que l'assertion de *p*, par exemple « Le chat est sur le tapis », *n'exprime pas*, contrairement à ce que propose Moore, la croyance que *p*; tout au plus, elle la *présuppose*. Or exprimer quelque chose et le présupposer ne sont pas des phénomènes identiques : l'expression *exprime* un *contenu* et peut à ce titre relever d'une analyse sémantique; la *présupposition* est une *condition d'usage* et relève à ce titre de l'analyse pragmatique. Dire que la croyance que *p* est présupposée par l'assertion que *p*, c'est dire que je ne peux pas utiliser l'énoncé *p* pour faire une assertion si je ne crois pas que *p*; mais ce n'est pas dire qu'en énonçant *p*, *je dis que je crois que p*. La preuve en est que je peux tout à fait énoncer *p* sans croire que *p*, si par exemple je l'utilise pour donner un *ordre* ou un souhait (il vaut alors mieux que je *ne crois pas* que *p*, même si je le souhaite). Autrement dit, le « décrochage » de la pragmatique par rapport à la sémantique des termes interdit de lier strictement un phénomène de présupposition au sens des mots. Ce phénomène est plutôt lié à la pratique, c'est-à-dire à l'usage des mots, ou encore aux conditions de réussite qui gouvernent les énoncés – y compris, donc, les énoncés constatifs.

Austin introduit en effet un parallèle entre le paradoxe de Moore et ce qu'on peut appeler une « contradiction performative ». Prenons l'énoncé « Je promets que je serai là, mais je n'ai pas la moindre intention d'y être ». Cet énoncé est problématique en ce qu'il semble à la fois réaliser une promesse et empêcher que cette promesse se réalise vraiment : en même temps que la formule de la promesse est prononcée, est affirmé qu'elle ne sera pas tenue – ou, plus précisément, que je n'ai pas l'intention de la tenir. Rappelons-nous ici que, parmi les conditions de réussite des performatifs relevées par Austin – les « conditions de félicité » –, figurent des conditions de sincérité. Ces conditions doivent être réunies pour que le performatif ne soit pas « creux », comme l'est par exemple une fausse promesse. Ces conditions comprennent un certains nombre d'états d'esprit, de dispositions, qui doivent être réunis pour que le performatif soit *correctement accompli*. Non pas que celui-ci exprime alors celles-là, mais il les nécessite en tant que circonstances appropriées à son énonciation réussie. Je ne promets ainsi vraiment que si je suis sincère, c'est-à-dire si j'ai l'intention de tenir ma promesse [1].

La contradiction performative est alors cette énonciation qui, en même temps qu'elle utilise la formule permettant de réaliser un certain performatif, dénie une des conditions de félicité permettant à ce même performatif de se réaliser (correctement). Ce qui est alors gênant, c'est que certaines conditions nécessaires pour qu'un performatif réussisse ne sont pas réunies. Parfois, naturellement, le locuteur n'est pas celui qui a les moyens de faire en sorte qu'elles ne soient pas réunies, contrairement au cas de la promesse où il suffit de n'être pas sincère pour empêcher sa *bonne* réalisation. Car la contradiction pragmatique n'est pas un phénomène sémantique, qui dépendrait de ce qui est dit par le locuteur, mais un phénomène pragmatique, qui dépend des conditions d'énonciation du performatif, dont le locuteur, bien souvent, n'a pas la complète maîtrise. Ce phénomène peut ainsi prendre plusieurs formes : « Je t'ordonne de te taire, mais, bon, tu fais ce que tu veux » (négation de la position d'autorité du locuteur) ; « J'accepte de te prendre pour épouse, mais tu es déjà mariée » (négation de la condition statutaire) ; « Je t'insulte, mais il n'existe pas de formule pour t'insulter » (négation de la condition procédurale). Pour le dire autrement, la deuxième partie de l'énoncé

---

1. Sans que Austin ait une conception « substantialiste » de l'intention.

(« mais etc. ») n'est pas la négation de quelque chose qui est *affirmé* par la première partie de l'énoncé[1], mais la constatation que les conditions de sa réussite ne sont pas réunies.

Or on peut tout à fait analyser de la sorte l'énoncé « Le chat est sur le tapis, mais je ne le crois pas ». Austin propose de considérer que la deuxième partie de cet énoncé ne nie pas ce qu'affirme la première partie, mais dénie le fait que l'ensemble des conditions permettant à la première partie d'affirmer quelque chose soit réunie. Je ne peux en effet pas affirmer que le chat est sur le tapis si les conditions ne sont pas réunies pour que je croie qu'il est sur le tapis et, subsidiairement, si je ne crois pas qu'il est sur le tapis. Une des conditions pour que j'affirme quelque chose est bien que je crois que ce quelque chose est le cas – comme Moore l'avait noté. Mais cette condition est une condition purement pragmatique de *l'usage* d'un énoncé *comme assertion* et non pas une condition sémantique déterminant ce qu'il exprime. Autrement dit – pour le rappeler – je ne dis pas, en disant que le chat est sur le tapis, que je crois que le chat sur le tapis. Ce dernier *fait* est simplement présupposé par l'usage correct de l'énoncé. Ce qui revient à considérer que les énoncés constatifs sont eux aussi régis par des conditions de félicité qui déterminent leur usage correct, et pas seulement par des conditions de vérité. En l'occurrence, si je dis « Le chat est sur le tapis, mais je ne le crois pas », j'affirme quelque chose dans la première partie de mon énoncé, puis je remets ensuite en cause mon droit à faire cette assertion, étant donné que je ne crois pas ce que je dis. Ce faisant, je produis le même type d'infélicité que lorsque je

---

1. Laquelle, dans le cas des performatifs, n'affirme rien mais *fait* quelque chose.

promets quelque chose que je n'ai pas l'intention de faire : je ne suis pas sincère, en ce sens que je *fais* quelque chose sans croire à ce que je *fais*.

L'autorité épistémique comme condition de félicité des assertions

L'analyse précédente permet d'établir un parallèle fort entre les énoncés constatifs et les énoncés performatifs : puisqu'ils sont tous soumis à des conditions de félicité, on peut légitimement tous les qualifier d'actes. On peut en effet tout à fait considérer, en fin de compte, qu'affirmer, décrire, rendre compte de quelque chose, consistent tout autant à agir que le fait de promettre, d'ordonner, de prier. Ces actes particuliers ont des conditions de réussite tout autant « pragmatique » que les performatifs.

L'analyse standard oublie de considérer ces conditions de félicité pour ne considérer que les conditions de vérité. Est alors présupposé qu'il suffit de dire la vérité en utilisant un énoncé pour l'utiliser correctement. Si je dis que le chat est sur le tapis et que le chat est le tapis, alors mon énoncé est vrai et *par conséquent* correctement utilisé. Seul semble importer à la correction de mon assertion l'état du monde que je décris. Mais tel n'est pas le cas.

Prenons l'exemple donné par Austin. Supposons que ce matin, vous m'ayez dit que vous vous sentiez barbouillé – 1) « Je me sens barbouillé aujourd'hui » – et que je réponde : 2) « Non, vous ne vous sentez pas barbouillé ». Ce faisant, j'affirme bien quelque chose : que vous ne vous sentez pas barbouillé. Si on prend A pour la fonction d'affirmer quelque chose et p comme la proposition « x se sent barbouillé », on peut retranscrire ces énoncés de la façon suivante : 1) $A(p)$ et

2) $A(\neg p)$. Selon l'analyse classique en termes de conditions de vérité, $A(\neg p)$ est correctement utilisé si et seulement si non-p, ou s'il n'est pas le cas que p. Pour les besoins de l'argument, on peut tout à fait considérer qu'il ne soit pas le cas que p, c'est-à-dire que vous ne vous sentiez pas barbouillé, que vous vous soyez trompé[1]. Dès lors, mon assertion selon laquelle vous n'êtes pas barbouillé est vraie. Est-elle pour autant *correcte*, admissible?

Cela paraît très improbable : mon assertion est peut-être vraie, elle n'en est pas pour autant *légitime* ou *justifiée*. Car rien ne m'autorise (sauf circonstances spéciales) à dire quoi que ce soit à propos de ce que vous ressentez : je ne suis pas en « position » d'affirmer des choses à ce propos (même si je peux faire des *suppositions*). Je n'ai en effet pas accès (sauf, encore, circonstances spéciales) aux « éléments » me permettant d'affirmer à bon droit que vous vous sentez de telle ou telle manière. Dès lors, mon affirmation à ce propos est infondée, quelle que soit sa valeur de vérité (ou, pour le dire autrement : si p est vrai, A demande encore à pouvoir être accompli). On peut même dire qu'elle échoue à être une affirmation au sens propre du terme : elle en a peut-être la prétention, mais elle ne sera pas reconnue comme telle, car je ne dispose pas des éléments me permettant de réaliser une telle assertion. Les circonstances me permettant de la faire ne sont pas réunies. Imaginons au contraire un scénario de science-fiction où la médecine permettrait de dire ce qu'un patient ressent, et où je suis votre médecin : les circonstances seraient alors peut-être réunies pour que je puisse dire *à bon droit* ce que vous

---

1. Cette éventualité est tout à fait plausible : vous pouvez vous tromper sur vos sensations ou émotions. Pensons au sentiment amoureux.

ressentez. On comprend ici qu'une des conditions pour qu'un énoncé soit valable comme assertion est que son locuteur dispose d'une certaine *autorité épistémique* lui permettant d'avancer ce qu'il dit.

C'est pourquoi « il existe un grand nombre de choses dont vous ne pouvez tout simplement rien affirmer, n'en ayant aucune connaissance ou n'étant pas en position de vous prononcer à leur sujet » : quiconque ne peut pas faire une assertion comme il l'entend, car il faut toujours disposer d'une certaine autorité qui *conditionne* la possibilité d'y parvenir. Cela est valable même dans les cas les plus triviaux d'assertion. Pour revenir à notre exemple initial, dans lequel j'affirme : « Le chat est sur le tapis », il nécessite également, pour valoir comme une assertion réussie, certaines conditions lui permettant d'être tenu, notamment l'autorité épistémique du locuteur. Supposons en effet que j'énonce cette phrase alors que je marche, perdu, depuis quinze jours dans le Sahara, en réponse à mon compagnon d'infortune qui me demande comment va le chat qu'il m'a confié à Paris. Sauf à supposer que j'ai fixé le chat d'une manière ou d'une autre au tapis, alors je n'ai aucune raison de supposer qu'il est sur le tapis et je ne suis certainement pas en *position* de *l'affirmer*. L'affirmation présuppose que ce dont je parle soit le cas, ce qu'en l'occurrence je n'ai strictement aucun moyen de vérifier. Par conséquent, mon énoncé peut bien être vrai, il ne peut certainement pas réussir en tant *qu'assertion*. Autrement dit, l'assertion n'a pas un statut spécial et n'est pas isolée des conditions pragmatiques d'usage : elle a des conditions de réussite similaires aux conditions de réussite des performatifs et, à ce titre, elle peut également être considérée comme un acte particulier : un acte de parole visant à dire ce qui est.

La relation aux faits des performatifs

Par ailleurs, le contraste initial entre énoncés constatifs et énoncés performatifs reposait sur l'idée que les constatifs avaient pour fonction unique de se rapporter correctement au réel, alors que les performatifs devaient se réaliser correctement : la correction de l'un avait un caractère correspondantiste tandis que celle de l'autre avait un caractère procédural. On vient de comprendre que la correction des constatifs possède également un caractère procédural ; Austin va maintenant montrer que la réussite des performatifs a aussi un caractère correspondantiste.

Si un performatif doit certes respecter une certaine procédure pour réussir, cela n'épuise pas l'ensemble de ses caractéristiques. Pour reprendre notre caractérisation précédente, si la réussite caractérise P, dans la promesse $P(c)$, rien n'est encore dit de c. Or une promesse est toujours une promesse *de* quelque chose, comme un ordre est toujours l'ordre *de* quelque chose. Un performatif a toujours une certaine portée ; la « force » d'un énoncé est toujours liée à un contenu, qui vient spécifier ce sur quoi porte cette force.

Cela n'est pas sans importance en ce qui concerne *l'évaluation* de l'acte. Car un performatif, en tant qu'il doit réussir, est toujours soumis à une évaluation subséquente : par exemple, ai-je bien tenu ma promesse ? Ou : mon ordre a-t-il été obéi ? Me suis-je vraiment marié ? Tous ces exemples permettent de comprendre que l'acte est également évalué en fonction de ce sur quoi il porte : pour évaluer si ma promesse de faire la vaisselle a été tenue, on va vérifier que j'ai lavé la vaisselle. Pour évaluer si mon ordre de se taire a été obéi, on va vérifier si la personne concernée ne chante plus, etc. Autrement dit, on évalue l'acte *par rapport à la réalité*, de la même façon qu'on compare une assertion avec le réel pour voir si elle est vraie.

Certes, les critères de mise en rapport ne sont pas ceux du vrai ou du faux : il ne s'agit pas de dire que ma promesse est vraie, ou que mon ordre l'est. Mais il s'agit, dans un cas, de savoir si la promesse a été *correctement* tenue, étant donné l'état du monde ; il s'agit, dans l'autre cas, de savoir si mon ordre a été obéi *comme il fallait*. Autrement dit, il y a un caractère *normatif* de l'évaluation propre à chaque performatif, qui est parallèle à l'évaluation en termes de vérité.

Le parallèle est plus flagrant encore avec le cas du conseil, ou de l'avertissement. Car, à supposer qu'un conseil ait été donné, ou qu'un avertissement ait été fait, alors la question qui se pose ensuite est de savoir si le conseil était *bon*, si l'avertissement était *justifié*. Or la mesure de ces deux caractéristiques dépend de la réalité : c'est toujours en fonction de l'état du monde qu'un conseil est jugé bon ou mauvais, ou qu'un avertissement est considéré comme justifié ou non. La correction d'un conseil ou d'un avertissement est ainsi très proche de la vérité d'une assertion : de même qu'une assertion est vraie quand, pour le dire grossièrement, elle correspond au réel, un avertissement est justifié quand il est dans une relation de correspondance similaire avec le monde. Lui aussi doit, pour être correct dans sa dimension propre, faire en sorte d'être en étroite correspondance avec l'état du monde, de manière à ce qu'il s'y applique correctement.

Autrement dit, on voit que le caractère justifié d'un avertissement se situe au même niveau conceptuel que le caractère vrai d'une assertion. Ce niveau est précisément celui qui qualifie le *contenu* de l'acte de parole : le fait pour un conseil de porter, par exemple, sur la prudence, tout comme le fait, pour une affirmation, de porter, par exemple, sur un chat.

Ces deux contenus sont évalués selon deux dimensions différentes, mais qui appartiennent au même registre : la *dimension d'évaluation* générale selon le rapport au monde, ou la dimension de *correspondance* avec le monde. Celle-ci est relative au contenu des actes de parole, tandis que leur réussite procédurale est simplement relative à leur exécution.

Dès lors, la vérité ne peut plus être considérée comme une dimension atypique qui permet d'isoler les assertions des autres énoncés ; elle n'est que la dimension spécifique d'évaluation de ces actes de parole que sont les assertions quand on entend examiner un certain rapport qu'elles peuvent avoir avec le monde. Mais elle n'est pas plus particulière, ni plus exclusive que la dimension d'évaluation des promesses en fonction de leur suite, ou que la dimension d'évaluation des conseils en fonction de leur caractère approprié : toutes se rapportent au réel et peuvent d'ailleurs être parfois appliquées à des actes de parole différents. Il n'est ainsi pas rare de dire qu'une assertion est, non pas fausse, mais plutôt exagérée, ou imprécise, ni de dire d'un conseil qu'il est vrai. C'est dire que, sous le rapport de la correspondance avec le monde, la distinction entre performatifs et constatifs ne se justifie plus.

On voit ici Austin généraliser la dimension performative à l'ensemble des énoncés et, en retour, généraliser la dimension de rapport avec les faits aux performatifs : la réussite de tout acte de parole, aussi bien dans sa dimension d'efficacité que dans sa dimension de rapport correct au monde, est déterminée par tout un ensemble (conventionnel) de conditions extra-linguistiques qui ancrent le linguistique dans le monde concret des usages et des situations.

L'assertion est un acte de parole comme les autres

Ce qui vaut pour les performatifs vaut donc pour les constatifs, notamment en ce qui concernent les conditions de félicité – *car ils fonctionnent en réalité de la même façon*, même s'ils ne servent pas à faire la même chose. Autrement dit, les énoncés descriptifs sont également des actes, comme les énoncés performatifs, en ce sens qu'ils servent à faire une description. Tous sont donc des *actes de parole* dotés d'une certaine force, la « force illocutoire ».

Mais dire que l'assertion est un acte de parole au même titre que les performatifs, c'est enfoncer un coin dans la théorie analytique orthodoxe qui veut pouvoir analyser les énoncés, du moins les énoncés constatifs, en fonction des seules conditions de vérité, c'est-à-dire de leur signification. Une fois qu'on a montré que ceux-ci ont également une dimension de réussite relative à leur force spécifique, à laquelle doit se subordonner l'évaluation en termes de vérité ou de fausseté, alors il apparaît évident qu'il faut modifier, sinon abandonner la théorie standard en termes de conditions de vérité.

À la suite d'Austin, deux directions de recherche se sont développées[1] : celle qui cherche à sauver la théorie standard en l'amendant et en essayant de proposer une lecture de l'efficacité des actes de parole, c'est-à-dire de leur *force*, en termes de conditions de vérité, ou de manière plus raffinée, en termes d'intentions de discours. C'est la voie, prolifique, suivie par Strawson, Grice, Searle, Vanderveken, Katz, Bach, Harnisch, Récanati et leurs élèves, qui donne parfois lieu à une « formali-

---

1. Naturellement, elles ne sont pas nécessairement exclusives et plusieurs auteurs non-cités se situent dans l'entre-deux, reconnaissant la complexité du phénomène « acte de parole » et la fécondité des deux types d'analyses.

sation » des actes de parole. Une autre direction développe l'idée que la force illocutoire ne dépend pas tant de la sphère linguistique que des conventions appartenant à une langue dans son aspect culturel, à une civilisation, à une époque – de conventions non-universelles qui règlent les échanges discursifs dans une communauté linguistique donnée. Si l'idée des « implicitations conversationnelles » de Grice a contribué également à cette direction de recherche, l'idée d'une irré-ductibilité de la force des énoncés à leur sémantique a plutôt donné lieu à des recherches pluridisciplinaires auxquelles on peut associer les noms d'O. Ducrot, de C. Travis, de M. Sbisà, de plusieurs lecteurs de Wittgenstein, et plus largement d'E. Goffman, de P. Bourdieu, de C. Kerbrat-Orrechioni, de W. F. Hanks. Cette diversité d'analyse, qui se traduit par une foison de recherches empiriques, est aussi le reflet de la fécondité et de la vitalité du concept d'acte de parole.

TABLE DES MATIÈRES

Imprimerie de la Manutention à Mayenne (France) – Novembre 2008 – N° 329-08

Dépôt légal : 4e trimestre 2008

DANS LA MÊME COLLECTION